中國哲學會學術集刊04

哲學跨領域：跨領域的對話與發展

序一

哲學本是研究宇宙與人生的問題，直問生命的意義與價值，以及對應生存環境的諸多難題，經由理性思考，設問籌謀解決上述問題之對策以為參照。中國哲學會在第25屆理事長李賢中教授的卓越領導下，於2019年10月26、27兩日與天主教輔仁大學哲學系邱建碩主任合作，於輔大文華樓舉辦「跨領域的對話與發展學術研討會」，匯聚海峽兩岸學者鑽研哲學議題的觀點與洞見，為我們共同關心的議題略盡知識分子的熱誠與建言，從中而有令吾人感佩投入學術研究的豪情。

本次學術研討會，承蒙海峽兩岸許多愛智的研究者、學人、青年學者踴躍投稿，經由他們研究心得的分享，也讓我們看到多年以來，哲學研究者孜孜矻矻，努力不懈地投入哲學相關主題的研究，並且扣住2019年大會主題而作出的努力，在教育、中國哲學、外國哲學等領域所作的跨領域思維之成果分享，不僅豐富了本屆大會的論文內涵風采，也為跨領域的主題探討提供了另一思維的價值導向。本次大會成功的舉辦，正也是實踐了「承先啟後，繼往開來」的中哲會優良傳統，繼續努力耕耘愛智的園地。

經由嚴謹的審查，本會精選出版了《中國哲學會學術集刊》第四輯，特別感謝中國哲學會全體理、監事的支持、參與，及外審委員細心的評選，方能有此專輯的出版；再次感謝五南圖書出版股份有限公司楊榮川董事長慷慨熱情的支持，多年來五南圖書公司長期支持中國哲學會的學術活動，也是對哲學研究者不囿於象牙塔內，關注社會發展與文化傳承的一項肯定。在出版前，特為之序，以饗讀者。

中國哲學會理事長

吳進安謹序

2020.12.31

於雲林科大漢學研究所

序二

今日社會科技日新月異的發展造成人類生活極大的改變。人們生活雖愈趨多元豐富，然而也不斷產生新的問題，其中涉及倫理、法律、政治、社會、經濟和科技等不同複雜領域。面對快速變動之社會趨勢，我們哲學人應嘗試與不同領域之學科進行對話，進而相互了解；透過跨領域合作，我們才能融入時代脈絡，針對不斷產生的新問題共同提出解決之道。

2019年中國哲學會年會研討會徵稿以「哲學跨領域：跨領域的對話與發展」為主題。在會議論文發表的部分，有來自十七所大專院校之學者與研究生，發表二十六篇論文。論文主題包括：儒、道思想之研究與創發、道德哲學、對日本思想之探究、西方當代思潮、哲學與醫學、哲學與教育等等，更有來自中國華南理工大學工商管理學院之學者發表儒家思想如何應用於現代工商管理之論文；此外另有兩場圓桌論壇，特別針對《莊子》與教育哲學進行探討。各場會議對話豐富、交流熱絡。

《中國哲學會學術集刊》第四輯，投稿論文經逐級審查後，入選刊登有七篇，分別是教育哲學三篇，包括：大學通識教育兩篇及高中哲學教育一篇；中國哲學兩篇，包括：儒家與道家思想；此外還有外國哲學的法國與日本哲學，皆具有一定的跨域學術性。

2020年，中國哲學會正式進入第26屆理監事會的運作，新的團隊在理事長吳進安教授的領導下，有創新卓越的發展。感謝副會長邱建碩教授及工作同仁李偉銘博士生的辛勞，使這本集刊順利出版；也期待我們中國哲學會透過所有會員的努力，發揮哲學更多正面的影響力。

中國哲學會第26屆理事

李賢中

2020年12月

於臺灣大學文學院哲學系

序三

哲學是什麼？從其字源來看，哲學這個字是由希臘文Philia和Sophia合成，意思是「愛好智慧」，依此意，可將哲學視為是一門追求智慧、通曉人事之理的學問。但在現實的社會中，卻有另一股聲音以為，從社會的實用角度上來看，哲學乃是「無用之學」。或許，這樣的批評可從莊子思想中，得到像「無用之用」或者「無用之用，是為大用」之類的回答。但是，這個看似巧妙的回答，實際上並無法令人對於哲學是什麼有一個更深的了解，無論是對於哲學的愛好者或懷疑者。那麼該如何回答這樣一個問題呢？從上述的歧見可以看到，或許「哲學」中充滿了智慧，但是對於社會大眾而言，若對哲學有所期待時，可能面臨的就是一場幻滅。因此，有著哲學乃「無用之學」的感嘆。如何能夠跨過這樣的困境，實是值得當代哲學人給予關注。

面對這樣的一個呼喚，哲學工作者當採取主動積極的行動，實踐哲學作為追求普遍真理的價值，透過與不同領域之間的對話，一起攜手為整體學術發展做出貢獻。循著這樣的理念，嘗試思考這個處境並給予一個可能的回答，在中國哲學會李賢中理事長的邀請下，輔仁大學哲學系決定於2019年10月與中國哲學會共同舉辦「哲學跨領域：跨領域的對話與發展」國際學術研討會。

這樣的會議理念得到與會學者共同關注，在兩天的議程分別就不同的主題進行發表與討論。此外，還獲得財團法人宗倬章先生教育基金會的肯定並在經費上給予全力支持，會議才得以圓滿進行，而這股力量也持續給予我們鼓勵，讓這條已展開的道路能夠繼續往前行。會議論文集的出版既標誌著完成，也是踏向下一個階段的開始。期許我們這一代所進行的哲學工作，能夠成為社會發展的美好養分。

天主教輔仁大學哲學系系主任

邱建碩

2020年12月

目 錄

✧教　育

一、大學通識教育

二、高中哲學教育

✧中國哲學

✧外國哲學

教　育

一、大學通識教育

通識教育的教育哲學理論基礎探究

黃藿
中國文化大學哲學系教授、文學院院長

摘 要

教育哲學是以哲學的方法對於教育理論與實務相關問題進行反思、探討與研究，教育哲學是對於教育基礎理念的研究，舉凡教育的意義與目的、通識教育的理念與目標，以及大學的理念與目標，這些議題的探討基本上都是教育哲學家責無旁貸研究的課題。通識教育與博雅教育是兩個意義相近，且有時被認爲可以相互取代的語詞，但實際上二者各自卻有不同的起源、內涵，以及意義與用法上的轉變。本文將對二者的意義、內涵與用法先作一簡單扼要的說明。接著指出，大學通識教育與專業教育之間始終存在著一種張力，這種緊張實際上來自大學內部的理想主義和工具主義兩股勢力的對立。雖然在現實上二者僵持不下，但本文認爲二者應當是可以妥協並調和的。重要的是要從教育哲學的角度來研究通識教育的理念與理論，並對現行的通識教育實務進行反思與批判，讓大學的掌舵者對於大學通識教育的意義、內涵，與精神有正確而深入的認識，才能夠對大學通識教育與專業教育之間的緊張關係進行調和。通識教育的健全與否與大學教育或高等教育的成敗有著極密切的關係，唯有將通識教育辦好，才能有眞正健全的大學。

關鍵字：通識教育、博雅教育、教育哲學、通識教育理論

壹、前言

教育哲學是通識教育重要的理論基礎。「通識教育」（general education）一詞源自於美國，是指一個人在接受大學專業教育之前必須接受的全方位知識的教育基礎。通識教育的歷史不超過百年，但其前身「博雅教育」（liberal education）則淵遠流長，可溯源於自古希臘城邦時代，是自由公民所受的教育才夠資格稱爲博雅教育，它不是爲了謀生的目的，而是爲了智性的啟蒙與成長，以獲得心靈與精神的解放與自由。

從教育哲學的觀點看，博雅教育具有其歷史境遇，在古希臘是指自由民教育，中世紀是指**博雅學科**（liberal arts），其中包括文法、修辭、辯證（邏輯）等三科（*Trivium*），與算數、幾何、天文，與音樂**四目**（*Quadrivium*）。到現代是指**博雅學科教育**（liberal arts education），包括了文理學科等作爲基礎學科的教育。博雅教育其實是一個浮動的概念，這個概念的與用法從古至今不斷變化，且經學者們賦予不同的重新詮釋。經過從博雅教育到通識教育轉變，不僅僅是用法上的轉變，更是對當代博雅教育的重新詮釋。當代通識教育的實踐呈現出多樣態的面貌，從通識教育的目標、精神與理念，到通識課程的設計與教學的內容與方法，以及通識教育專責單位的組織形式等，都是通識教育研究的範圍。透過教育哲學的研究可以釐清這些與通識教育相關概念的意義，也可以追溯這些概念的源流與它們彼此之間的內在關聯，更可以檢視通識教育的理念、目的與精神，與通識教育課程的規畫與教學內容彼此之間，邏輯的關聯性到底相容或是違背。

通識教育與教育哲學的交集可以包括下列系列問題的探討：教育的目的、大學的理念、大學教育的目的、通識教育的理念與目的、通識教育與博雅教育、通識教育與全人教育、通識教育與課程哲學、通識教育與大學評鑑、通識教育與專業教育等各個面向的問題。下面我們就先從通識教育與大學的理念談起。

貳、通識教育與大學的理念

古典理想主義的通識教育理念：十九世紀英國知名學者紐曼樞機（John Henry Cardinal Newman）是討論大學的理念與博雅通識教育不得不提到的一個人。他在1852年出版了《大學的理念》一書，這本書無論是在探討高等教育目的，或是大學通識教育內涵與精神，都是劃時代的經典。在本書中，紐曼爲理想的大學揭示了非常崇高的精神理念和目標，也勾勒了一所理想的大學精神面貌與核心內涵。他對博雅教育理念的論述至今仍爲眾多教育學者奉爲圭臬。直到今天，很多當代學者還經常引用他的觀點，可以說他的觀點成爲今天通識教育理論基礎的源頭。紐曼畢業於牛津大學，更在其中工作多年，所思所想離不開牛津大學精英主義教育理想。這種教育理念要訓練心智健全、具備普遍知識的紳士。

在紐曼皈依了天主教之後，受到愛爾蘭天主教主教團的邀請，擔任愛爾蘭天主教大學（Catholic University of Ireland）籌設的工作，並擔任該校首任校長，當時愛爾蘭人口以農民和工匠爲主，而且佃農占其中多數，經濟狀況普遍不佳，要辦一所精英式的大學未免曲高和寡。當時愛爾蘭人對具有實用價值專業教育的需求，甚於培養英國紳士的傳統博雅教育。紐曼雖然在其中有所折中，要去調和天主教信仰與神學在大學中的地位，強調大學博雅教育重視智性成長的傳統。雖然紐曼理想主義式的大學博雅教育理念在其生前因爲種種原因未能實現，不過到了今日，他所揭示的大學與博雅教育的相關理念，還經常受到學者普遍引述與討論。紐曼曾指出：

一所眞正的大學是理智可以在其中安穩悠遊並沉思，在各種觀點上可找到其對立者，並在眞理的法庭上找到裁判的地方。它也是可以在其中推動研究、證實並完成發現，並藉由心靈彼此之間，及知識相互之間的激盪碰撞，容許各項嘗試與過失揭發的一個地方。[1]

紐曼心目中的大學是古典式的田園風情大學，大學教授沒有評鑑的壓力，可以自由自在地徜徉在知識的殿堂中，享受學術自由的氛圍，與同儕一起論辯探討眞理。讓大學生能在這樣自由的氛圍下，與各個知識領域有深厚學問根柢的教授從學，大家都以理性的態度進行平等的對話與討論，誠懇地追求眞理，這才是眞正博雅教育的精神。

對紐曼來說，大學是一個傳遞知識的地方，大學教育就是博雅教育，它主要的目的在於培養大學生一種哲學思考的習慣（a philosophical habit）。大學教育有非常實際、眞實和充分的目的，就是傳授博雅的知識或哲學的知識。不過這一目的不能與知識本身相分離，知識本身就是目的，這就是人類心智的本性。至於博雅教育，紐曼認爲「博雅知識」、「博雅學科」以及「博雅教育」都是大學和紳士所具有的特質。從語法和詞源的意義來說，「博雅」（liberal），與奴性（servile）一詞相對。「奴工」（servile work）是指體力勞動、機械的操作，以及類似的工作，很少或者根本不需要心智活動的參與。而博雅教育的追求，是心靈、理性與反思的操作活動。不過，體力與腦力並不是博雅教育的判斷標準，體力勞動也有博雅的，思維活動不見得都是博雅的。譬如，古代的醫生通常是奴隸，

---

1 Newman, *The Idea of a University*, "Essays: English and American." The Harvard Classics. 1909-14. Retrieved on 2016/1/6 from the following website: http://www.bartleby.com/28/2.html此一版本為哈佛大學網路版經典閱讀教材，內容與前述紙本版不同。

而就其本質上來說，醫療是一種勞心的行業，而且給人治病的目標是崇高神聖的。體力勞動也可以是博雅的，比如，古代的角力，必須結合身體的力量，大腦與靈巧性，才能在奧林匹克運動會中取勝。所以，紐曼提出博雅教育的標準：

> 博雅知識本來就爲了引發我們思考，它立足於自身的要求，不受後果支配，不期望補充，不受目的的影響，也不會被任何技藝所同化。只要任何追求是自足而完整的，即便是最普通的追求也具有博雅的特徵，而只要這樣的追求是爲了獲取它自身之外的東西，最崇高的追求就會失去這種博雅的特徵。[2]

當代通識教育理念的調整：紐曼的觀點是博雅教育的古典詮釋，後續其他學者對此引述和評論極多，最典型的是麥金泰爾和穆凱西（Daniel Mulcahy）。在麥金泰爾看來，紐曼的大學觀背後有一套特定的哲學觀。如果大學依其應有的方式來運作，那麼哲學的眞理、論證，及洞見就會透過每一學科的教學來溝通，就好像哲學內容會在它與別的學科的關係中呈現出來。大學所有的教學目標就是學生，在學生身上，培養「理智的完美或德行」，也是紐曼所說的「哲學知識，心靈或靈光的擴大」。[3]

麥金泰爾同意紐曼的看法，大學教育涵蓋的範圍是人類整體的知識。如果以孤立的方式來研究每一門科學，或在學校課程中省略某一門主要學科，那麼要理解某一特定學問的範圍與限制，以及在理解學問整體上，就

---

2 Newman, J. H. (1996) *The Idea of a University,* New Haven: Yale University Press, p.81

3 MacIntyre, Alasdair (2011) *God*, *Philosophy*, *Universities*: *A Selective History of the Catholic Philosophical Tradition*, New York: Rowman & Littlefield Publishers; Reprint edition.p.145

會陷入困境。每一門學問本身都不是完整的，是局部的，但每一門學科爲我們對理解整體都是不可或缺的，沒有任何一門學科可爲他者取代。這種理解對大學教育的學科劃分有啟發意義，也爲通識教育奠定了基礎。大學教育的目的不是爲學生安置某一特定職業，也不是教導他們日後某種實務工作用得上的理論。而是要轉化他們的心靈，能成爲不一樣的人，一個能夠參與對話與辯論而成果豐碩的人，一個能發揮判斷能力的人，可以從各種不同學問知識帶來洞見與論證處理特別複雜議題。這種能力就是多瑪斯（Thomas Aquinas）所說的明智之德（virtue of prudence）。[4]

博雅教育是一個浮動的概念，而非一成不變，當代西方學者的關注與討論仍然可以賦予其新的內涵，重塑它的涵義。愛爾蘭資深教育學者穆凱西的論述最具代表性，他有一本專著是《受教育人的理念——邁向博雅教育的一種新典範》（*The Educated Person—Toward a New Paradigm for Liberal Education*）即佐證這樣的看法，彼即主張博雅教育可以與時俱進，加入新的元素，而不必限於傳統七門博雅學科範圍內的博雅教育。他在書中探討了博雅教育不斷更新的時代意義及其可能貢獻，關注教育上最古老的「有教養者」（the educated person）的問題，將之置於當代社會脈絡下進行檢視。穆凱西想要建立當今博雅教育新典範，但並沒有排除傳統博雅教育的意義，也沒有貶損心智發展在個人生命中的重要性，對教育實踐形式持開放態度。博雅教育新典範包含廣博求知，注重實踐、主動參與世界，關懷他人，建立理想生活的價值觀。具體來說，他列舉了三種不同形態的博雅教育及其理論主張，分別以紐曼、阿德勒（M. Adler）以及珍・馬丁（Jane R. Martin）爲代表。其中，紐曼主張博雅教育的核心理念應著重於理智的培養（cultivation of the intellect）；阿德勒則闡述**民主公**

---

4 Ibid., p148

民素養對於博雅教育的重要性；珍・馬丁則將21世紀**女性主義的敏銳度**融入博雅教育的理念中，指出傳統觀念中的性別偏見，並提出未來的新想像的可能性。[5] 由此可見博雅教育是可以依時代進步，配合社會的脈動，加入新的元素到其中。

這些理論對當今時代博雅教育理論的形成都有貢獻。穆凱西指出，紐曼所指涉的博雅教育的本有特徵，具有一種雅致品味、一種公平與公正的冷靜，以及一種高貴與謙恭的風度。紐曼描述的紳士，從不會給人帶來痛苦、不會冒犯人，對朋友體貼，一般也會原諒敵人，對自己的成就謙卑；外表上像哲學家，成熟、忍耐、寬容。紐曼在多方面展示了這種心智和精神的德行，而這正是人們希冀今日博雅教育保留下來的東西。穆凱西與紐曼一致認爲理智的卓越是博雅教育的目標。除此之外，穆凱西支持紐曼的觀點，認爲沒有任何科目可從學科課程中省略，而不會裂解科學的發展，破壞大學的統整性。在科學與學術學科之中，科學乃是博雅教育的關鍵構成部分，一個人關於不同學科的知識愈豐富，就愈接近博雅教育的理想。[6]

從以上幾位學者的論述，我們瞭解大學通識博雅教育的理念其實是可以與時俱進的，可以因應時代的進步與社會的狀況，對其內涵、目標與範圍重新調整與設定。譬如紐曼與麥金泰爾的博雅教育理念，認定大學教育涵蓋的範圍是人類整體的知識。如果在大學課程中故意忽略某一門主要學科，那麼大學生要理解某一特定學問的範圍與限制，及在理解人類整體知識上，就會陷入困境。這其實也符合我們對於全人教育理念的期待。而穆凱西論述的博雅通識教育可以吸納珍・馬丁與阿德勒的主張，將民主社會

---

5 Mulcahy, D.G. (2008) *The Educated Person—Toward a New Paradigm for Liberal Education*, New York: Rowman & Littlefield Publishers, p3.

6 Ibid., p39.

的公民素養與性別敏銳度的意識納入博雅通識的新範疇，這都是我們在確立當前台灣社會大學的通識教育理念與目標時，可以參考借鏡的作法。

參、通識教育中的理想主義與工具主義

談到通識教育的理念，通識學界一直區分兩種教育觀，分別是：理想主義的教育觀，以及工具主義的教育觀。其實，這項通識教育的爭議與區分並非今天才有，它早從古希臘時代就開始了。古希臘時期的博雅教育即區分兩派傳統，一是雅典學派的哲學家（philosophers），包括蘇格拉底、柏拉圖，以及亞里士多德；另一派是辯士學派（Sophists）的雄辯家（orators）傳統[7]。前者是以追求眞理與智慧爲目標的理想主義，後者則是以追求獲致成功人生，和知識的實用功利性爲目標的工具主義。這兩派傳統同時存在於博雅教育的發展史中，從古希臘、羅馬、中世紀，到近代、當代，一直相持不下，各有擁護者與支持者。

古典理想主義的博雅教育觀以前面提及的紐曼爲代表，當代的擁護者則有曾任芝加哥大學校長的赫欽斯（Robert M. Hutchins），他在《美國的高等教育》[8]一書內，指出美國高教的問題，包括大學教育的職業教育化傾向，學門與學科之間壁壘分明，欠缺合作與整合的現象；而大力倡導經典閱讀的價值與意義，大學生可從這些不朽的經典閱讀中來訓練培養批判思考的能力。這樣的主張雖然時間距今80多年前，但仍充滿了前瞻性的眼光。

---

7 Cf. Kimball, B. A. (1995) *Orators & Philosophers—A History of the Idea of Liberal Education*, New York: The College Entrance Examination Board.

8 Hutchins, R. M. (1936) *The Higher Learning in America*, Yale University Press

二十世紀前半西班牙知名哲學家奧泰嘉（José Ortega y Gasset）則是歐洲博雅教育理想主義的代表。他在《大學的使命》[9]一書中鼓勵年輕人應把握大學的生涯努力學習，發揮自己生命的價值，並全力貢獻自己的聰明才智來領導國家。他主張大學應協助培養出一個有文化教養的人，可以站在時代的高度上。而無論培養領導人才，或爲個人未來生涯作預備，都須具備一般性文化素養（general culture），而唯有博雅教育能造就這樣的素養，光憑這樣的素養就足以勝任任何領導職位。

另一位理想主義的代表，加拿大學者瑞丁斯（Bill Readings），則在他的《廢墟中的大學》[10]一書中，批評現代大學商業化的現象，並進行批判性論述。他將大學分成三類：一是**理念型大學**（University of Ideas），以康德爲代表；二是**文化型大學**（University of Culture），以洪堡（Humboldt）爲代表；第三種則是基於評量的**現代卓越型大學**（University of Excellence）。現代大學變追求卓越是以企業經營的模式來定義，而非以學術來定義，所謂卓越並沒有學術智性的參照點。在卓越型大學中，績效責任制當道，教授淪爲企業員工，不僅無法固守學術自由園地，也喪失學術自主性。大學理想沉淪無法擺脫它正走向廢墟中的命運。作者的驚世警語如暮鼓晨鐘，發人深省。

美國知名女性哲學家納絲邦（Martha Nussbaum）也是博雅教育理想主義的代表，在她的《培育人文》[11]一書中表示，大學博雅教育要讓學生反省自身傳統，要以涵育學生四海一家的氣度作爲教育理想。她嘗試對多元文化的社會問題提出教育處方，並主張透過哲學取向的蘇格拉底式教學

---

9 Ortega y Gasset, Jose (2008) *Mission of the University*, Reprint edition, London: Routledge.

10 Readings, B. (1996) *The University in Ruins*, Cambridge, Mass.: Harvard University Press.

11 Nussbaum, Martha (1998) *Cultivating Humanity: A Classical Defense of Reform in Liberal Education*, Harvard University Press; 3rd Printing edition.

法來培育現代民主社會的公民素養。

以上都是爲傳統理想主義的博雅教育辯護的知名學者，與此相對的，則是工具主義以現實功利導向的教育觀。美國知名經濟學家，曾任普林斯敦大學校長的博文（W. G. Bowen），則是工具主義教育觀的代表。他在其《數位時代中的高等教育》[12]一書中指出，美國今日高教有兩項最顯著重要的趨勢，一是大學教育成本日益高漲，二是線上學習的快速擴張。線上課程成長能否舒緩大學上升的成本，並幫助解決學生付不起學費的危機呢？盡管先前懷疑，現在相信科技擁有控制成本的潛力。透過線上的數位課程教學，如Coursera和Moocs可以將通識教育的課程與知識內容，無遠弗屆地讓更多社會大眾分享。

曾於1971-91擔任哈佛大學校長的柏克（Derek Bok）則對工具主義教育觀提出批判。他在《市場中的大學》[13]一書中指出，大學與產業界的合作，讓大學迅速邁向商品化或市場化，對大學造成利弊互見的影響。所謂高教商品化，是指「大學試圖從其教學、研究與其他校園活動來賺錢營利的努力」。書中舉大學運動校隊、研究與教學三方面的商業化爲例，除少數例外，其實無利可圖，反而造成大學的財政包袱。爲獲取外部經費的挹注，大學高層領導往往冒險拋棄學術良知與道德標準，而與現實利益妥協。柏克呼籲，大學要對商業品化的各項計畫要對成本作公正的評估，大學教育建立在各種價值之上，但要確實分辨其中本末先後的順序，弄清楚先後緩急，才不會迷失方向。而從傳統博雅教育理想所傳達的信息是：人生有比賺錢更重要的東西。這些精神理想價值是大學存續的基礎，卻可能

---

[12] Bowen, W. G. (2013) *Higher Education in the Digital Age*, Princeton, New Jersey: Princeton University Press

[13] Bok, Derek (2003) *Universities in the Marketplace*, Princeton University Press

被大學高級行政主管濫用，用大學名器換取金錢利益而摧毀。

從二十世紀九○年代起，知識經濟高唱入雲，台灣跟從歐美各國的腳步，拼命追求大學教育與知識的商品化。即使原本不起眼的博雅基礎學科，如文學、藝術、歷史，甚至哲學，都被要求與業界相結合，要各系敦聘業師來校授課，以促使學生對於就業市場能早日了解，提升畢業後的即戰力與就業率。文學院的教師，即使原本開設古典經典教育的課程，也被要求將其中的知識內容能轉化與市場應用相結合，特別希望開發與市場文創產業相結合的課程。這一切的現象從教育部的五年五百億補助頂尖大學的研究卓越計畫，到補助次一等的教學卓越計畫，一再以補助款爲誘餌，誘使各公私立大學必須擁抱現實功利的工具主義教育觀，而完全放棄追求博雅教育的理想主義教育觀，這究竟是台灣高等教育的幸或不幸呢？

值得我們進一步深思。

肆、通識教育理想主義與工具主義折衷的可能性

通識博雅教育的核心是博雅學科，這些今日作爲基礎學科的文理學科知識其實是各種應用學門學科的共同知識基礎，談到這類學科知識的實用性，或許不如專業學院如法學、醫學、商學、工程、設計等學科的立即實用性，但上述各種專業學科若無基礎學科所培養出來的基本能力與素養，有可能將這業專業學科學好嗎？這是令人質疑的。

CNN節目主持人與暢銷書作者法理德・札卡瑞亞（Fareed Zakaria），在其《爲博雅教育辯護》[14]一書中，以親身受教育的經驗來說明

---

[14] Fareed Zakaria (2015) *In Defense of a Liberal Education*, New York: W.W. Norton & Company.

博雅教育的重要性。他以自身的經歷，說明他自印度高中畢業，來到美國進入耶魯大學念書，拿到學位後留在美國就業，並在電視記者生涯上獲得事業的成功。他提及，當年在耶魯所修的通識教育課程讓他終身受用不盡，而且讓他成功登上全球知名電視網的新聞節目主播職位。他在書中說，雖然全世界，包括美國在內，目前都以學習有利就業的大學系所爲潮流，許多先進國家如日本，甚至正縮減人文院系所的規模，但作者卻大力呼籲，大學不應捨棄人文學科的價值，因爲這樣做會讓青年世代失去遠大的未來。

另一位史丹佛大學文科畢業的博士藍道爾・史特洛斯（Randall Stross），是史丹佛大學中國現代史博士，擔任聖荷西州立大學商學教授，是數本暢銷書作者，並從2004到2013年爲《紐約時報》撰寫「數位領域」（Digital Domain）專欄。他在其《實用的博雅教育：何以文科生能在職場上表現不凡》[15]一書中提及，大學文科學生經常被嘲笑爲缺乏一技之長，不夠格作爲一名專業人士，同時也是低度就業。可是享受學習之樂而唸書卻變得出奇地實用。不像技職教育，博雅教育提供的是全方位的教育，企業主若是能接納文科畢業生，會使企業更成功。就以矽谷爲例，文科畢業生由於他所受的教育，會表現得更成功。

該書調查了文科畢業生眞實世界的經驗，這些學科在矽谷以工科爲主的職場環境中似乎是最不容易就業的。根據史丹佛大學畢業生經驗的描繪，並借用學生對自身教育、找工作，以及初次的工作經驗的說明，作者對於文科畢業生如何展現多元能力提供了令人振奮的證明。只要給予他們初次機會，這些文科畢業生在職場上會有出人意表的工作表現。

---

15 Stross, R. (2016) *A Practical Education: Why Liberal Arts Majors Make Great Employees,* Redwood Press.

史特洛斯也把大學生的故事與史丹佛的校史，專業學院的成立，工科與人文學科之間長久以來的對峙，職業考試的誕生，以及電腦教育的普及，到追溯考量如何爲學生預備未來職業生涯的演進，都編織到一塊。他把現在與過往混在一塊，對於如何對大學四年作最佳利用，進行了發人深省的探討。當高教機構得不斷地回應人們對大學人文學科的明確價值的正當性何在的呼籲時，作者提出了解答，他還提醒讀者，爲一個不可知的未來最有用的訓練就是全方位，經得起時間考驗準備的博雅（人文）教育。

從以上的敘述來看，盡管史特洛斯爲大學文科生加油打氣，要文科生（博雅學科學生）不要妄自菲薄，但絕不表示文科生可以高枕無憂，優游自在地過大學四年。非但不能如此，反而要比其他專業學科學生更加努力，培養語文表達能力、人際溝通能力、批判思考能力、分析能力與企劃能力。一定要跨出自己本科專長之外，去做跨領域學科課程的選修與學習，即使不走電腦的專業，但基本的電腦資訊入門課程卻不能完全不學。在他書中面訪的一些成功案例主，即使是文科畢業生，但因爲在史丹佛念本科時修習一兩門電腦基礎課，讓他們能有機會在跨進高科技公司時，有自我進修或學習的基礎，猶如一塊得以入門的敲門磚。所以正講起來，史特洛斯是主張理想主義與實用主義取向可以調和的博雅教育支持者。

另外一本新書《人文學科的逆襲》[16]一書的作者喬治・安德斯（George Anders）在書中告訴我們，在科技主導的世界裡，對「人味」的需求反而提高了。最新的數據顯示，就業市場中新出現的職位競爭中，文科生的優勢較大。所有需要跟人溝通打交道的工作，文科生的表現都比較好。未來的世界更看重的是說故事的能力、溝通的能力、解決問題的能

[16] George Anders, (2017) *You Can Do Anything: The Surprising Power of a "Useless" Liberal Arts Education*, Little, Brown & Co.

力、綜觀全貌的能力，這都是文科訓練所著重的專業能力，而不管在哪一個領域，人文學科的觀點都派得上用場。安德斯在書中提供了許多文科畢業生求職與職場發展的故事，儘管過程中因爲社會的刻板印象，而遭遇到許多令人氣餒的挫折與磨難，毫無例外的是，書中的案例主都能在最終獲得努力拚搏後甜美的果實。他所傳達的信息重點是，在人文博雅學科扎實訓練的優勢下，文科生都可以發展出目前最夯的成功人生。

安德斯這本書的原文名稱是：*You Can Do Anything: The Surprising Power of a "Useless" Liberal Arts Education*，市面上的中譯本書名則譯爲：《人文學科的逆襲——「無路用」學門畢業生的職場出頭術》[17]。其實作者透過這樣的書名所要傳達的信息是：首先要讀者們思考，究竟何爲有用？何爲無用？一般世俗認爲的無用學科或知識，眞的就是沒有用嗎？其次，文科畢業生可以做任何事，不只是鼓勵或打氣的話，而是文科生就如中國傳統儒家的君子之教，所接受的是「君子不器」的教育。所謂的「君子不器」，是指君子受的教育讓他不像一個器皿一樣，只有單一的功能和用途，而是有多把刷子與功能，讓他可以承擔責任，幫助處理解決任何遭遇到的問題。通識教育或博雅教育的目標並不像各系所一樣，培養單一專業的人才，而是要培養君子，是具備不只單一一種專業知識與技能的通才。而以博雅學科中的人文學科爲主修的大學生，著重培養其語言文字的表達能力、與人交往溝通思想觀念的能力、問題分析與解決的能力、對當前問題敏感的觀察與批判能力、團隊合作的能力，以及調和不同意見與衝突利益的能力，這些都是需要有人文素養且心思細膩的文科畢業生的競爭優勢。對所有以文科爲專業的學生來說，如果能發揮這種「君子不器」

---

[17] 李宛蓉譯，（2019）《人文學科的逆襲——「無路用」學門畢業生的職場出頭術》，台北，時報文化出版事業股份有限公司。

的格局、胸襟與器度，把看似無用的人文學科，能夠跟其他專業學科相結合起來，發揮「無用之用，方爲大用」的功效。如此一般看似無路用的文科學生若能透過通識博雅課程的教育，不讓自己的眼光和思想受限在單一學科的狹隘範圍內，不讓自己變成只是某個單一專業的專家，積極從事跨領域學科的學習，透過博學與通達的功夫，培養出高明的見識與深邃的洞見，並可以與人溝通觀念，協助處理複雜人際問題，成爲有能力解決眞正難題的通才。

傳統的博雅通識教育講求爲知識而求知，追求純粹的知識與眞理而樂在其中，可以根本不考慮或憂心未來就業的問題。當然這樣的目標與理想是沒有辦法在今日的世界中存活的。可是面對高等教育商品化、市場化的功利取向，如果完全要求學用合一、大學中各種學科知識都要求技轉，要求轉換成金錢收入的效益，則是大學精神與理想的墮落與沉淪。大學失去博雅教育人文理想目標短視近利的結果，不僅讓大學生失去涵養實踐智慧的機會，也使大學讓位於爲就業市場提供廉價人力培訓的任務，同時它自己也面臨市場競爭機制中的優勝劣敗。當然在教育的理想主義與工具主義之間，我們不一定只有兩端的選擇，能夠導引大學生不要放棄人文博雅學科傳統的寶貴知識與智慧，同時又知道從這些學科中找尋到學習的目標，充實自己的人文素養與上述的核心能力，則是一條調和折衷的道路。

綜上所述，作者所舉之例證，不僅有相關事實之例證，也包含哲學之說理論證，即通識博雅教育之實用性乃屬於無用之用的實踐智慧，培養的諸多核心素養與能力皆有助於增加學生在職場生涯中的軟實力與競爭力，既未爲了工具主義的教育目的而服務，亦未喪失理想主義的主體性。

伍、以教育哲學作為探究通識教育相關問題的媒介

筆者從三十多年前從事大學專任教職開始就投入教育哲學的研究，同時因職務關係，也一直從事於通識教育課程的相關教學與行政服務的工作。個人從學術生涯一開始，首先接受的是專業的哲學訓練，對於亞里斯多德倫理學尤其有興趣進行鑽研，由此切入道德教育，並以此爲基礎跨入教育哲學的領域研究。從1990年代初開始，參加教育哲學的專業社群，每個月定期的聚會讀書，開始與教育哲學界的朋友建立起深厚的友誼，中致力於教育哲學與通識教育的跨學科融通。從2005年開始，筆者同時加入了通識教育讀書會的活動，而且一直接手來推動動事教育相關理論與實務名著的研讀，一路走來已逾十五個年頭。心中念茲在茲的是如何將個人的教育哲學興趣與專長，與自身所從事的通識教育課程教學與行政工作相結合，並進一步進行相關的研究。個人感到欣慰的是，十幾年來有一群志同道合的學界朋友，其中一半以上是教育哲學的同行，其他有通識教育的同行，以及哲學的同行，這樣一個結合教育哲學與通識教育研究爲目的的學術專業社群經過長期的經營，已經形成了革命同志般的情誼與感情。而個人長期接觸通識教育的相關實務，並對通識教育理念與國內外的理論論述與通識課程設計與教學實際做法，透過讀書會的研讀，也有相當程度的掌握。下面是幾項歸納的經驗和心得。

1. 通識教育有其本身的理念與理論來源，它作爲教育學的一個分支，不僅在理論基礎上，如大學的理念與目的，通識教育與大學專業教育的關係，這些問題都與教育哲學相關。通識教育與大學教育的關係，也可以是高等教育與比較教育研究的一部分。對於通識課程要如何規劃與設計，是否在通識教育中要規劃通識核心課程，以及如何改進通識課程的教學與學習成效，則是課程與教學研究的一部分。既然通識教育的不

同部分都有各自銜接的專業研究，就不能以輕忽怠慢的眼光或態度視之，以爲可以不用花心思來接掌通識教育的工作或職位。

2. 一個大學到底辦得好不好，最重要的是看校長懂不懂通識教育，是否具有大學教育與通識教育的正確理念。一個完全不懂，也不重視通識教育的人，即使在專業研究上成就非常出色與傑出，即使當上了大學校長，也不會有出色的辦學成效。反之，我們可以說，要當一個好的大學校長必定是一個具有教育理念，能有論述能力，並懂得通識教育重要性與價値的人。
3. 一個二十一世紀的大學校長，面對多變的世局與不確定的未來，應該多閱讀通識博雅教育相關的經典名著，來擴大自己的視野與見識，具備對未來世界的願景與洞見。就如曾任加州大學校長的柯爾（Clark Kerr）在其《大學的功用》一書所提到的[18]：今日大學的校長必須要能同時兼顧多元的目標，必須同時是個領導者、教育家、創新者、領先者、權力的行使者、推動者，主管、管家、承先者、尋求共識者、遊說者、管制者，但最重要的必須是一個**調和鼎鼐者**（mediator）。
4. 作爲一名教育哲學學者，也必須關心和重視通識教育，因爲教育哲學最優先要探討的就是教育的目的，能將大學教育與通識教育的理念與目的說明清楚，就是教育哲學家的任務。

---

[18] Clark Kerr (2001), *The Uses of the University*, Cambridge, Massachusetts: Maryland University Press, p.27. 中譯本楊雅婷譯，（2009），《大學的功用》，台北，韋伯文化，33頁。

參考文獻

Anders, George (2017) *You Can Do Anything: The Surprising Power of a "Useless" Liberal Arts Education*, Little, Brown & Co.

Bok, Derek (2003) *Universities in the Marketplace*, Princeton University Press.

Bowen, W. G. (2013) *Higher Education in the Digital Age*, Princeton, New Jersey: Princeton University Press.

Hutchins, R. M. (1936) *The Higher Learning in America*, Yale University Press.

Kerr, Clark (2001), *The Uses of the University*, Cambridge, Massachusetts: Maryland University Press.

Kimball, B. A. (1995) *Orators & Philosophers – A History of the Idea of Liberal Education*, New York: The College Entrance Examination Board.

MacIntyre, Alasdair(2011)*God, Philosophy, Universities: A Selective History of the Catholic Philosophical Tradition*, New York: Rowman & Littlefield Publishers; Reprint edition.

Mulcahy, D.G.(2008)*The Educated Person – Toward a New Paradigm for Liberal Education*, New York: Rowman & Littlefield Publishers.

Newman, J. H.(1996)*The Idea of a University,* New Haven: Yale University Press.

Newman, J. H. (1990) *The Idea of a University*, "Essays: English and American." The Harvard Classics. 1909-14.

Nussbaum, Martha (1998) *Cultivating Humanity: A Classical Defense of Reform in Liberal Education*, Harvard University Press; 3rd Printing edition.

Ortega y Gasset, Jose (2008) *Mission of the University*, Reprint edition, London: Routledge.

Readings, B. (1996) *The University in Ruins*, Cambridge, Mass.: Harvard University Press.

Stross, R. (2016) *A Practical Education: Why Liberal Arts Majors Make Great Employees,* Redwood Press.

Zakaria, Fareed (2015) *In Defense of a Liberal Education*, New York: W.W. Norton & Company.

楊雅婷譯（2009）。《大學的功用》。台北：韋伯文化。

李宛蓉譯（2019）。《人文學科的逆襲——「無路用」學門畢業生的職場出頭術》。台北：時報文化出版事業股份有限公司。

The Theoretical Basis of General Education — A Perspective of Philosophy of Education

Hwang, Hwo

Professor, Department of Philosophy, Chinese Culture University

Abstract

Philosophy of Education is an interdisciplinary study of philosophy and education, it deals with the issues in educational theory and practice by using philosophical methods. The aim of this paper is to enquire into the theoretical basis of the general education, together with the meaning and the end of education, the aim and the idea of general education, and the idea and the aim of a university will be within our major concerns. The general education and the liberal education are two close-connected terms, sometimes considered to be mutually replaceable. However, they have different origins, connotations, and changes in meaning and usage. The author will first give a brief sketch of the similarities and differences between the two, and will point out the present situation of the general education in the context of the university education. The author finds that there is always a tension between the general education and the professional education in the universities. The tension actually comes from the idealism and instrumentalism within the university. The author argues that these two positions can be reconciled in some sense or degree. To conclude, the soundness of general education is closely related to the success or failure of university education. Only by giving more attention and resources to the general education by the administrators and decision makers well can we have a truly sound University.

Keywords: General education, liberal education, philosophy of education, theory of general education

創造性的新詮：J. Maritain之教育哲學與藝術哲學的交會點*

何家瑞

天主教輔仁大學天主教學術研究院副研究員

* 本文為科技部補助專題研究計畫部分研究成果（計畫編號：MOST 107-2410-H-030-024），首發於《中正教育研究》。參見何佳瑞（2019）。〈教育、智慧與創造性：J. Maritain的教育哲學觀點〉。《中正教育研究》18 (1)：29-56。

摘　要

本文由Maritain的教育哲學出發，探討並釐清智性（intelligence）、智慧、藝術以及創造性（創造能力）之間的關係。本文之主要研究進路，在於會通Maritain的教育哲學與藝術哲學，並從中探究一種整全之人的教育願景，藉此發掘人之創造性和藝術活動對於人生命整全發展以朝向於智慧的關聯和意義。

在研究過程中，研究者關注了Maritain所提出的「精神前意識」（spiritual preconsciousness）概念，它表明了創作主體在其前意識中已經進行了一種能力和人格的統合運動（這一統合運動在藝術活動中的表現尤爲明顯），據此，它爲人的創造性活動之於人生命最高智慧的意義，提供了一種可能性連結和理論的基礎。根據Maritain，人之整全生命的最高成就，表現爲智慧。人的創造性活動並非與其智慧毫無關聯，相反的，它可能是人通向其最高生命成就之實踐的最佳道路。

此外，筆者亦將從創造性精神幫助受教者朝向於最高智慧的生命實踐的角度，思考教育中所面臨的挑戰與難題，以此作爲我們對於教育實踐之反思。

關鍵字：智性、創造性、前意識、Maritain、智慧

壹、前言

在教育哲學中，J. Maritain（1882-1973）的思想常被歸屬於永恆主義（perennialism）的脈絡，與美國教育史上著名的R. M. Hutchins（1899-1977）和M. J. Adler（1902-2001）等人的教育理念聯繫在一起。

> 永恆主義的形上學（與知識論）基本上是帶著某種科學／人文導向的實在論（realism），其信念在於，知識乃是相當地穩定的。永恆主義者想要的是一種有主題內容的課程設計，它包含了歷史、語言、數學、邏輯、文學，以及諸人文學科與科學等。這樣的學習計畫反應出了所學學科的最重要面向，這些學科都是歷經數個世紀慢慢發展出來的，西方世界的經典文學或者偉大著作，就是最好地呈現它們的方式。（Pulliam & Van Patten, 1994, p. 229）

永恆主義的教育學者們，希望透過傳統經典的研習，使學生的智性（intelligence）能夠獲得充分的發展。因為在經典之中保存著人類文明以及文化的珍貴結晶與智慧，是開啟學生認知永恆之知識和眞理的基礎。然而，這並不是說，我們要照搬傳統經典中的知識，死板地追隨古人的看法，這乃是關於經典閱讀方法的一種誤解。正與此相反，我們需要從經典中看見前人在自身背景、文化與歷史的脈絡當中，對於人類重要問題的思考、理解、歷險以及反省，並且立基在前人的智慧之上，不斷深化並更新人類對於自我的理解，從而創造性地發展人類現今所處之社會以及文化的內涵。據此，Maritain強調，在經典閱讀的過程中，智性的訓練並不在於「蒐集」或者「記憶」各類的知識，而是要讓智性去經歷人類精神的眞正冒險：

> 在理智習慣於去掌握、去看與表達它所朝向的對象這個範圍上，理智的直覺力就被釋放並且被增強了。……當我們要求年輕人去讀一本書時，是讓他去開始一個眞正的精神冒險，去遭遇並且掙扎於給定人物的內部世界，而不是迅速瀏覽一些思想片段的集合以及已死的思想，更不是漠不關心地從外部觀看，成爲人們稱之爲「博學多聞」（being informed）的那種傳統陋習的受害者。（Maritain, 1966, pp. 44-45）

學校中智性的學習也同樣是永恆主義教育家Adler的訴求：

> 在這裡存在著我們的孩子們所注定的三個共同要求：以一種智性的（intelligent）、負責任（responsible）的方式來營生，像一個智性的、負責任的公民那樣去生活，並且讓上述的兩件事爲達至智性的、負責任的生命而服務——盡可能地、完全地享受到一切人類生命所能達至的、最好的善。（Adler, 1982, p. 18）

然而，雖然同樣在學校教育中強調智性的發展，Maritain的教育哲學卻並沒有把智性的完全發展當成是與主體其他能力無關的一種能力，而是充滿著對人之整體創造性能量的強調。正如Donald與I. Gallagher在《人的教育》（*The Education of Man*）一書的導論中所說：

> 在Maritain所關心的範圍中，他的計畫既不忽視愚鈍者也不忽視有天賦者。……有天賦的學生不會被Maritain的計畫所忽視，因爲這計畫是被特別設計來發展每一個人之能力使其達至最完滿的程度。這樣的計畫不僅瞄準於人之推理能力（ratiocination）的提升，同時也瞄準於一個人創造性能量以及直覺能力的釋放。（Maritain, 1967, p. 21）

Maritain所指出的創造性能量，不僅僅只是關於藝術的創造而已，它爲人的整體生命而言，同樣起著決定性的作用，它不但與智性相關，也與教育的終極目標──智慧相關，它事實上是一個關乎於人之整體生命的重要概念。Maritain（1938）著有《眞正的人文主義》（*True Humanism*）一書，表明他一直以來關懷的一種整全的人文主義（Integral Humanism）。本文在很大程度上回應了他的這種「整全」的觀點，事實上Maritain的所有的著作皆貫穿著他對於人的統一的理解。

Maritain是少數在教育哲學中（在此尤指一種追求精神自由的博雅教育），置入了關於人之創造性與直覺能力的考量，並且將此創造性概念融入了「人之爲人」的一種理解。正如前文所說的，我們從經典中習取知識，並不是要照本宣科，或照搬古人所言，重點乃在於面對人當下的生命境況以及時代處境，我們必須具備自身對於知識的創造性理解和詮釋的能力，這才是眞正讓文化與社會向前推動的契機和動力。

筆者在研究Maritain哲學時，發現他對博雅教育的思想與其藝術哲學有著極深的聯繫，這個聯繫的本身，即表明了一種整體生命與人之創造力的關係。然而，在筆者所見的各類論文之中，並無人將此一深刻的關聯予以首先指出並且詳細論述。據此，本文首先論述「智性與精神的前意識」（參見本文第二節），因爲精神的前意識正是聯繫整體生命與創造力的關鍵點，精神的前意識概念不但出現在Maritain教育哲學之中，它更是其藝術哲學中的核心概念，因此本文首先針對精神的前意識內容進行了詳細的描述；隨後，由於Maritain的教育哲學指向了一個透過人之整體生命的投入所成就的一種超越片段化、碎片化的統一的智慧，此種智慧的達至與人充滿了創造性能量的精神前意識是密切地相關的，故而，在「智慧與創造性的統一」（參見第三節）這一節中，筆者透過對精神前意識的分析和論述，將智慧與人充滿了洞察和穿透力的創造性聯繫在一起，釐清各種

Maritain未曾言明的細節；此一看法亦能從Maritain的藝術哲學中找到堅實的支持性論述，所以在「藝術、創造性與整體生命」（參見第四節）一節中，本文直接針對Maritain的藝術哲學進行論述，以爲人之整體生命智慧與創造性之間的緊密連結提出的呼應和佐證，同時，除了理論性的推論和分析之外，我們更進一步呈現教學現場的實際經驗，以印度Tagore所創立的學校爲實例，展現出教育哲學理論論述的實踐面向；最後，本文針對當前臺灣「教育的挑戰與難題」（參見第五節）進行反思，期望透過教育者對於人之生命的統一性以及創造性的強調，來平衡臺灣教育中過度高舉「教學成效」或「量化指標」的教學氛圍，同時提出筆者認爲可能有助於學生創造性能量發揮之教學設計的淺見，以爲讀者參考。

貳、智性與精神的前意識

Maritain對於智性（intelligence）的理解，是採取一種比較寬廣的看法。智性除了我們所熟悉的關於理智的推理、概念化思考等模式，它還可以追溯至一種處於人之精神泉源狀態的理智直覺。[1]Maritain的這個看法，是與其有關精神前意識（the spiritual preconscious）的概念聯繫在一起的。

Maritain的精神前意識概念與當代心理學的關係密切。S. Freud

---

1 本文中，「智性」一詞對應的英文翻譯是「intelligence」，以此總稱人之知性的整體活動。「理性」一詞對應的英文翻譯是「reason」，指人總體知性活動中主要的理性能力（包含認知、理解、推論等能力）；「理智」對應的翻譯是「intellect」，表明人進行理解活動的官能指稱，故intellectual intuition指的是「理智」的一種直覺能力，它先於理智的理解活動，是其對於外在事物的一種直覺性掌握。這些對應的翻譯，是筆者根據自身之長期閱讀的理解所譯，或有其他更適當的翻譯方式，歡迎並期盼研究者或讀者提供討論並給予指正。

（1856-1939）在心理學中所揭露的潛意識（the subconscious）概念，促使人類對於自身意識奧秘之認識，邁進了一大步。Maritain卻相反於Freud關於潛意識的非理性描述，而主張在人的顯意識之下，埋藏著我們理智活動的泉源，雖然在其中，理智活動的對象尚未成爲意識當中可以概念化的、明晰的意識內容，但它卻絕非僅僅是某種本能的、壓抑的或者創傷的非理性衝動。[2]據此，Maritain（1966, pp. 40-41）強調：

> 弄清「潛意識」（subconscious）或「無意識」（unconscious）這個字所涵蓋的兩種完全不同又彼此交纏的領域，是非常重要的事。一種是佛洛伊德學派特別積極鑽研的領域，即那種本能的、潛在影像的、情感衝動以及感官趨向的領域，這個領域應被稱之爲在人之中的「非理性之無意識」（the unconscious of the irrational）。另一種卻是佛洛伊德派學者所錯失的領域，它是精神能力之根源生命的領域，是理智與意志的根源、個人自由的深淵（fathomless abyss），以及個人爲認知、看見、把捉與表達而奮鬥與渴望的深淵——我應該稱之爲在人之中的「精神前意識」。因爲理性並不只由其有意識的邏輯工具和論證所組成，而意志也不是只由深思熟慮的、有意識的決定所組成。

由此，Maritain所謂的「精神前意識」，與強調人之非理性作用的潛意

---

[2] Freud提及了「前意識」（Pre-conscious）的概念，但是此概念在其理論中扮演的是一種中介角色：前意識乃調節意識和無意識的中介機制，是一種能夠透過回憶而召喚到清醒意識中的意識狀態；它既關聯於意識，又關聯於無意識（即那無法控制的本我層次），其最大功能在於「檢查」，藉以阻止無意識中充滿了本能衝動的內容進入到意識中（Freud, 1978, pp. 614-615）。此種對於前意識的看法，與Maritain視之為蘊含了人與世界交往中最原初、最豐富卻常無法言喻的一種「精神的前意識」，實是迥然異趣的。

識，是截然不同的兩種意識方向，儘管我們不能對兩者做出一個絕然的劃分，[3]然就其爲人之生命的意義而言，卻是全然不同的。如果精神的前意識不是非理性的，那麼它與人的理性或理智的關係是什麼呢？

根據Maritain的描述，精神的前意識事實上是一種人的精神狀態，在我們接觸外在對象之時，它乃是在我們的理智對攝取的材料進行概念化（或客體化）活動之前的一種主客未分的狀態，精神的前意識把我們帶到了一個與對象交會的原初狀態。正如Jean-Paul Sartre（1905-1980）（2004, p. 19）所說的：「正是非反思的意識（la conscience non-réflexive）使反思（la réflexion）成爲可能；有一個前反思的我思（un cogito préréflexif）做爲Descartes我思的條件。」

理智的反思活動是什麼呢？在意識當中，一旦我們進行反思，就意味著我們必須將意識所掌握到的對象進行客體化、概念化，這便是我們平常所熟知的、理智所進行的認知活動：爲了要能夠清晰地把握住意識的對象，理智必須把對象作爲一個客體（客體化）帶到主體的面前來（主客由此二分），並且抽出對象的本質以形成概念（概念化），然後給出判斷（judgement），至此，我們關於對象的認識才算是完成了。

然而，我們要指出的是，在前意識當中運作的理智，Maritain稱之爲理智的直覺（intuition），或直覺理智，它不同於進行反思、概念化或邏輯推論的思辨理智，不過這並不是說我們有兩個理智。我們只有一個理智，只是在不同的認知階段中，理智的功能和其所扮演的角色是不同的。

---

3 精神的前意識與非理性的潛意識，兩者並非完全無關的兩個領域，它們皆屬於主體不能清晰地意識到的無意識領域，並且彼此可能產生相互的影響。「無意識」（unconscious）在這裡其實指的是我們顯意識所意識不到的區域。它有時與「潛意識」重疊，故從上下文來看，指的就是潛意識；無意識其實也與精神的前意識重疊，因為在某種意義上，精神的前意識中所呈現的東西也不是在顯意識中出現的內容。

Maritain在他所提倡的博雅教育中特別重視這個直覺理智的活動，他將之視爲我們在精神前意識當中與對象接觸時最貼近於對象的、最原初的、也最豐富的一種關於對象的理解，儘管此時我們尙不能用概念來表達直覺理智所掌握到的東西。但是這個由充滿了主體生命力和直覺能力的理智所掌握到的內容，卻給出了概念化之知識永遠也無法達到的一種關於世界之無窮無盡的豐富性，以及對於這個世界的無可替代的直覺洞察。

這不是技術的問題，也不是潛意識之訓練的問題。更好說，這是釋放精神活動之前意識生命泉源的問題。若用柏格森式的語言，我會說，在心智教育中，重點應該從「壓力」（當然，壓力是必要的，但卻是次要的）轉化到喚醒和釋放我們精神本性的熱望（aspirations）。那麼，創造性的想像以及理智的生命，就不會在運用概念與文字時，被填鴨記憶或傳統技巧的規則所犧牲，也不會被誠實、嚴謹卻機械式的、絕望的過度專業之學習所犧牲。（Maritain, 1966, pp. 42）

Maritain對於博雅教育的改造，與他所引入的精神前意識概念密切相關。透過前面的引言，我們可以清楚地理解到，精神的前意識領域，是人類所有活動最原初、最豐富且被人之整體生命力所穿透的精神泉源。只有重新回到這個泉源當中，才能「喚醒和釋放我們精神本性的熱望」。我們說精神前意識是被人之整體生命力所穿透的一個領域，這並不是一個誇大的說法，因爲不僅僅是理智，想像力、感官知覺、情感、記憶甚至意志等，全部都在這個人之精神的前意識中共同且和諧地運作著，在一種活化的、直覺的狀態中運作著。人之各種能力以及全部存有在精神前意識中的投入，使我們的全部生命力與創造力，在一種精神的原始泉源狀態中被帶到了一起，集中起來，有如一個不可分割的整體那般交織在一起。如果我們本性中的精神熱望將要被喚醒、淨化或者被釋放，那麼，它也是在一個完整的、不能分割的一個整體生命中被喚醒的。對於Maritain來說，人本性之精神熱望所指向的，正是超越了人自身的絕對的、無限的精神自由，而人通向絕對精神自由的過程，正是通向智慧的過程。

參、智慧與創造性的統一

在前面的部分，我們分析了Maritain所提出的關於精神之前意識的看法，它有別於Freud心理學中非理性的、不可控制卻暗暗操縱著人類思維的潛意識。精神的前意識是人意識中的一個不透明的領域（我們說它是不透明的，是因爲它蘊含的內容不具有概念的明晰性，卻反過來是所有明晰概念之泉源與基礎），然而，根據Maritain（1953, p. 77），它的不透明性並非是意識的缺陷，相反的，它承載了人類意識最舒張卻又最集中的一個核心，它誕生於「在靈魂的深處中……」（born in the depths of the soul），珍貴如斯。

在精神的前意識中，蘊含了主體之諸能力共同和諧運作所掌握到的東西，我們說它是最舒張的，因爲在它之中，主體不是封閉的，而是作爲一個整體，在一種主客未分的狀態中與對象交融一起，它既是它自己，又是它的對象；說它是最集中的，因爲再也沒有任何一個地方像這誕生於靈魂深處的精神前意識一樣，將主體所有的能力都不可分地匯聚了起來，主體的生命以一種前所未有的方式作爲一個整體而運作著。

Maritain在教育中對於精神之前意識領域的重視，來自於他將這一領域視爲人類本性的精神熱望可以獲致純粹之釋放的源頭。人類作爲一個理性的存有者，依據其本性而來的精神性渴求，不能以一種簡單動物的生命和發展的觀點來度量，如果他把自己當成一個動物，那麼他只要依據他的本能來行動即可。然而，他卻不只是動物，也無法只是動物，他的精神渴望著一種絕對的精神自由，即便是由他自身之自由意志（free will）而來的「選擇的自由」（freedom of choice），都無法完全地滿足他，因爲選擇的自由仍是有限的自由。作爲一個理性的存有者，他的熱望要求他（如果他眞正地認知到並且聆聽了他自己的熱望），必要通向那絕對的、無限的精神自由。因此，Maritain（1966, pp. 10-11）說：

一個人的主要熱望（aspirations）就是對自由的熱望，我說的不是每個人都擁有之自由意志，也不是某種自然的天賦，我說的自由是一種自發（spontaneity）、擴張（expansion），或者自律（autonomy），那種我們必須透過不斷努力與掙扎才能獲得的東西。正是在這個意義上，希臘哲學（尤其是Aristotle）論及了藉著理智和智慧而賦予給人的一種獨立性，是一種作爲人類之完美（perfection）存在的獨立性。……在任何情況下，都是透過哲學家們所稱的一種「內在的」活動（正因爲這些活動完善了執行活動的主體，它們在主體中是最高的內部成就以及無限豐富之活動），獨立之完滿自由才終於被贏得了。所以教育之首要目標，就是這種由個體所達至之內部的與精神的自由之征服（conquest），換句話說，就是他經由知識、智慧、善的意志以及愛而獲得了解放（liberation）。

智慧的概念出現在這裡，它總是與人類最高之精神成就（即Maritain所稱的，一種「自發的」、「自律的」絕對精神自由）一起出現。現在我們來到了這篇文章中最複雜、最困難，卻也最核心的一個問題：精神的前意識、絕對的精神自由、智慧以及創造性之間的關係。在此之前，我們應該先看看Maritain對於智慧的描述：

> 對多瑪斯哲學而言，知識在其自身就是一種價值，並且是以自身爲目的的；眞理在於心智（mind）與實在（reality）的符合，亦即，心智與那獨立於心智之外而存在之物的符合。理智朝向於去把捉並且征服存有。它的目的與喜悅在本質上是無關心的（disinterested）。……有一種較高的知識，那就是智慧，因爲它處理的不僅僅對自然現象的掌握，還要深入一種基礎的、最普遍之存有的原因（raisons d'etre），並且享受因眞理（作爲最終的果實之眞理）而來的精神性喜悅和品嚐存有的滋味，由此，它實現了理智本性的最高熱望及其對自由之渴望。（Maritain, 1967, p. 47）[4]

很顯然的，智慧，不是一般的知識。然而，我們不可能一下子就獲致智慧，我們仍然必須從一般的知識入手，藉此來完美、完善我們自身的內在能力，以期有朝一日我們能夠掌握「一種較高的知識，那就是智慧」。因此，智慧不是對泛泛的自然現象的掌握，還要深入到「一種基礎的、最普遍的存有的原因」，由此，人類的智性才達到了它最高的成就，精神的主體終於嚐到了一種「精神性喜悅」和「存有的滋味」，而就在此時，「理智本性的最高熱望及其對自由之渴望」也一同實現了。

我們可以這樣說，智慧與最高的、絕對的精神自由是一體兩面的東西。「我們稱之爲智慧的知識，是貫穿了並且包含了一切事物之最深、最普遍以及最統一的洞察。」（Maritain, 1966, p. 48）換句話說，人的精神能力，在其最完美與最高的精神成就之中，能夠獲得一種深刻的洞察，此一洞察穿透了我們所知的一切現象與事物，直指一切存有的原因。而人之精神的本性的熱望，只有在完成了這一最高的精神成就之後，才能獲得眞正的滿足與寧靜。人從各種有限的知識出發，最後終能通向於無限的、最

---

4 存有的原因（raisons d'etre）一詞，亦可翻譯為「存有的理由」。

高的眞理（亦即那所謂「最普遍之存有的原因」），這就是Maritain所謂的「精神自由的征服」，它不是任何外部的自由，[5]它是人類精神內部的一種最高統一性，它標誌了人類精神的輝煌勝利！

「眞理使人自由」這句話，在Maritain的教育哲學中獲得了非常深刻的表達。眞理、智慧與精神自由，就這樣子緊密地串連在一起了。在此我們必須要指出的是，Maritain對於智慧和精神自由的深刻體會，既預設了也指向了一個絕對的、超越的實在。人本性的精神熱望朝向於完美的、無限的精神自由，這意味著一個事實：人作爲一個有限的精神體，卻企求獲得一種與自己的有限性不相稱的絕對的、無限的精神自由。Maritain說，智慧所欲達至的最高的眞理，便是那貫穿了一切現象之最深的、最普遍的存有原因，而這裡指的「存有的原因」是什麼呢？Maritain（1967, p. 102）清楚地表明：

> 博雅教育的目的是智慧。人文學科若不朝向於智慧，就會陷於危險（jeopardy）當中，如同人類智慧若不朝向於一個更高的智慧，也會陷於危險當中，更高的智慧，是天主在愛中所給予的，只有它可以眞正地使人自由。

人類的智慧可以上升至更大的、更完美的神的智慧那裡，而人的精神也可以破除封限，被抬高到絕對的、無限的精神當中。對Maritain來說，這裡存在著天主的恩典，因爲有限者不可能給出自己超出自己本性的東

---

5 當然，這不是說外在的事物與人的內在精神自由完全無關，人本來就是在歷史、文化和社會脈絡中的一部分，所以，在一個好的社會或是文化當中，透過教育和外部的良好制度，是可以促進（至少應該要做到不去妨礙）人類內在精神自由的發展。

西，這意味著，指向無限的精神熱望，不能來自於人自身，而只能來自於作爲無限之超越者的天主。最高智慧的達至，是「天主在愛中所給予的」，一個禮物。

同樣的，人的精神本性中的熱望，亦即精神之中的超越因素，作爲我們指向並且追尋絕對之超越者的動力，它是在我們本性當中已經被賦予的，但卻又遮蔽地極深的，一份珍貴的禮物。然而，本文的重點並不是要討論Maritain教育哲學中所隱含的神學論題。我們現在要繞過這個論題，把焦點放在人內在所具有的超越因素之上。因爲不論是否有信仰的人，都不得不承認，人類的精神之中蘊含著超越的因素，既使在人類精神最困頓的掙扎當中，我們也無法否認的這種不滿於現況的精神的超越動力，它驅使著我們去追求更高、更完美的精神自由與解放。

我們現在要把Maritain教育哲學中沒有指明的東西指出來：智慧與創造性之間的關係以及它們關聯的原因。人是如何穿透一切的現象而達至那最基礎的、普遍的存有的原因的？我們所學的知識是分門別類的，我們可以認識歷史、語文、物理、哲學、數學、自然科學等等，任何一門知識都可以幫助我們通向智慧，但都卻不是智慧。我們整個文化、社會與人類文明的成就都在這些知識當中給出了自身某一片段的呈現，但是最終，這些片段必須在學習者身上透過一種深刻性被全部匯集起來，形成了一個整體的知識，這樣的知識不是這個或那個知識，而是既滲透又串連了這個或那個知識的一種更高的知識。更高的知識在這裡是以一種統一性的面目呈現的，它克服了各種學科的片面化、碎片化，它的統一性也同時帶來了學習者自身的統一性。它是學習者之統一生命與整個宇宙之間不可言喻的一種默會。

我們用這種方式來呈現Maritain對於人類最高智慧的描述，並不是什麼奧秘的夸夸其談（雖然我不能否認在人類最高智慧的精神成就中隱含了密契經驗〔mysticism〕的可能性）。在東方的智慧當中，我們不但有如儒家思想那般，從人之本性與倫理關係的向度，通往一種天人默會的表述（例如，孟子所言：「盡其心者，知其性也；知其性，則知天矣！」〔《孟子．盡心》〕），也有如道家思想那般，以人之德（即人之性）爲基礎重新反於初、反於始（即道）的表述（例如，「反其性情而復其初」〔《莊子．繕性》〕以及「性脩反德，德至同於初」〔《莊子．天地》〕等）。質言之，Maritain對於最高智慧的論述，實暗合於中國儒、道的修養體驗。

我們現在要做的是，透過Maritain的教育哲學，點明人之最高智慧的獲致與生命中所蘊含的創造力之間的密切關係以及兩者相關的原因。Martain的教育思想蘊含了將最高智慧的獲致與人之創造性能力關聯在一起的基礎，他一再強調，「關於人類心智的發展，任何最豐富的物質設施以及方法、資訊甚至學問的裝備，都不再重要，最重要的是要喚醒內在泉源與創造性。」（Maritain, 1966, p. 43）只是，他的強調只有讓我們「知其然」，卻「不知其所以然」。然而，如果我們同時去考量他關於精神前意識的論述，我們就可以明白地在理論上指出其原因：首先，創造力的泉源乃是根源於我們的精神前意識。而精神的前意識，正如我們之前已經說過的，它是一個讓所有主體諸能力以一種直覺的方式匯集在一起的地方，也就是說，它把主體整體生命（主體生命的表現首先就是他的種種能力的表現）集中了起來，以一種不可分割地方式呈現爲一個生命的整體，而這個整體的生命可以用一種直覺性的洞察貫穿一切，如此，所有片段之知識被串連了起來，我們的智性直接指向高於一切知識之普遍的存有原因，才成爲可能。關於此，Maritain在其藝術哲學中對於藝術家創作過程的描述，更能彰顯出這種由主體整體生命之投入而產生之直覺洞察力的功能。

其次，在這個泉源之中，創造力是與眞理共在的。關於這一點，我們之前的論述就已經突顯出來了。在前反思的意識當中（正如Maritain所描述的精神的前意識），主體與客體是交融在一起的。這時，所有的理性分析、概念判斷、邏輯推論都還未升起，但是主體卻已經以一種共在的方式掌握到了某種關於客體的內容，儘管此時所理解到的內容可能是模糊的或難以用言語來表達的。精神的前意識結構所表明的主客不分的狀態，讓我們清楚地理解到，人之最高智慧的成就，並不是主體在封閉自我當中的杜撰，它所依憑的堅實基礎，還是關於實在（reality）的眞理。還是那句話，只有「眞理使人自由」！在精神的前意識中，充滿了直覺之創造力的主體能力，對於實在的穿透力是不可思議的。眞正的智慧，只有在充滿了創造性的主體諸能力的匯集之中，才能擺脫單一學科的框限，追索到作爲一切學科之基礎的普遍存有原因。

但是，我們不要誤以爲，這種在人的創造直覺力中所達至的貫穿一切現象的智慧，是人文學科的專屬。確實，哲學、文學或歷史，都有可能使人通向對於世界或者存有之最終原因的理解，然而，物理學、數學、天文學又何嘗不能成爲最普遍之存有原因的其他表達方式？最有智慧的物理學家、數學家或天文學家，常常是在一種最直覺的創造力當中來探索這個世界的。他們難道不是正是在對於世界的一種更普遍的體會當中，超出了單一學科的狹窄計算，才突破了原有的限制，從而推動了該學科之進步的嗎？N. Copernicus是這樣，I. Newton是這樣，A. Einstein又何嘗不是這樣？

人類最高的智慧不是片段的，而是統一的，它不會侷限在任何一類的人類知識當中，而是穿越了一切的人類知識。最高智慧，只有主體在一種創造性的統一當中，才能夠被達至。

肆、藝術、創造性與整體生命

Maritain所描述的朝向於智慧的教育，是關乎受教者之整體生命的一種教育。這是為什麼Maritain反對過早的職業教育，因為職業教育的過早實施，是把孩子的能力提前侷限在某一領域當中，使之喪失了未來通向於人類之最高智慧的可能。

但是這並不是說，Maritain認為一旦學校教育完成，受教者通向於智慧之路也完成了。對於Maritain來說，最高之智慧即是教育的目標，然而，智慧卻決不是一蹴可及，學校教育的能力所及，只是在於適當的裝備（equip）好學生，使之有能力在離開學校之後，能夠獨立地完成通向智慧之路。據此，我們可以追問，既然智慧與直覺的創造力有著密切的關係，那麼在學校教育當中，有哪些課程可以適當地發展學生的創造性洞察呢？創造性的洞察發生於精神的前意識當中，難道精神的前意識是有可能接受訓練的嗎？

Maritain（1966, p. 43）直接了當的說：「對於理性生命而言，最重要的東西是理智的洞察（insight）與直覺（intuition），而對此是沒有訓練或學習的。」但Maritain並沒有因此就放棄了陳述他認為引領受教者發展精神之前意識的理想教學模式，他認為，如果教師持續觀照生命力的內部中心（它活動於智性生命的前意識之深處），他也許會把知識的獲得與心智之堅強陶成集中於對孩子之直覺能力的釋放之上。那要用什麼方式呢？透過推向於一種自發興趣與好奇心的道路，透過給予鼓勵，透過聆聽，透過引發年輕人去信任那些他自發之詩意的、智力的衝動。（Maritain, 1966, p. 43）雖然Maritain寫了很多，但這些描述卻仍然是模糊的，他提出的方法並沒有具體的或者循序漸進的操作指示。

然而，創造性與藝術的連結卻是不容忽視的，關於這一點，Maritain

可是心知肚明。或許這是爲什麼，爲了讓受教者朝向於智慧，Maritain在其所提出的課程設計中，藝術性的活動佔有很大的份量。他認爲在博雅學科（liberal arts）中所謂的「三學科」（Trivium），[6]其中最需要關注的就是心智之創造性的活動，以及被知覺到的美。所以在這「三學科」中，他安置了我們一般人稱之爲相關於藝術領域的所有學習，包括思想表達的藝術或創造性表達的藝術、文學與詩、音樂與美術等。（Maritain, 1966, p. 56）

較之於教育哲學，在Maritain所發展出來的藝術哲學中，事實上更清楚地表達了藝術活動、創造性以及其與人之整體生命的關係。在他的藝術哲學中，他不討論教育的目標和智慧的問題，而是單就一個藝術家的創作活動進行表達。Maritain（1953, p. 301）說：

……一方面，我們有確實的認知（knowing）的閃光——詩的經驗；詩的直覺——誕生了，通過精神化的感情，在理智的前意識、非概念的生命當中誕生了。另一方面，我們有一個精神的背景環境（milieu），即某種流動的、運動的世界，被光照理智所散發之光所活化，似乎在沈睡卻又暗中繃緊的、警醒的狀態，它是這個理智的前意識生命，以及想像和感情的前意識生命，沒有任何實際的概念或觀念，但卻充滿了影像與感情的運動，在它之中，所有過去的經驗、靈魂所要求的回憶的寶藏都在一種潛藏

---

6 傳統的博雅學科的內容包含了「七藝」：一方面有「前三藝」（Trivium），便是我們這裡所稱的「三學科」，即三種文學藝術，包括文法、修辭學與辯證法等；另一方面有「後四藝」（Quadrivium），即四種數學學科，包括幾何學、算數學、天文學和音樂理論。這裡涉及了Maritain對於博雅學科的改造，他把與創造性和藝術相關的科目集中起來，放入了三學科當中。他主張：前三藝（Trivium）「相關於心智的創造性活動，以及那被知覺與被享受的美」（Maritain, 1967, p. 92）。

（virtuality）的狀態中呈現。[7]

上述這一段話，Maritain所描述的是藝術家在其精神的前意識中所發生的創造性體驗。簡單來說，就是在精神的前意識（一種流動的、運動的、充滿了影像卻尚未有任何概念出現的精神背景環境）中，藝術家的「理智的前意識生命，以及想像和感情的前意識生命」（即理智、想像以及情感的一種直覺性的階段）皆進入了一種和諧運作的狀態。此時，不僅是主體諸能力的完全投入，藝術家「所有過去的經驗、靈魂所要求的回憶的寶藏」也全部都參與了進來（亦即，藝術家自身所有的過去與記憶，連帶著他作爲一個歷史、文化主體的全部存有，也都融入了）。藝術家就是這樣，以其生命之全部內涵與生命力在進行創造，於是，有一種「確實的認知（knowing）的閃光——詩的經驗；詩的直覺——誕生了」，在這裡所誕生的東西，被Maritain稱之爲「詩的知識」（poetic knowledge）。此時，作品的實體還未及創造出來，但是藝術家想要透過作品表達的靈感，亦即他在精神前意識中所捕捉到的內容（或說，詩的知識），卻已經以一種不可改動、不能曲折的樣貌出現了。

無論在語言的表達上有多麼困難或者有多麼的模糊，有一件事卻對藝術家來說卻是絕對清楚的，他知道他必須將他之所是全部地投入、全然地託付到作品當中，他才能成就作品（正是在這個點上，如果有人說作品完全地反應了藝術家這個人，這是絕對可以同意的，只是藝術家不是爲了凸

---

7 引文中所稱「詩的經驗」（poetic experience）和「詩的直覺」（poetic intuition），以及後來提及的「詩的知識」（poetic knowledge），皆指涉了「創作」之意。「Poetry」一詞原由Aristotle的「Poiesis」而來，即創作／製作之意。文中取一般人對英文「Poetry」的理解，而翻譯為「詩的經驗」、「詩的直覺」、「詩的知識」，但「詩」之一字同時蘊含了創作之義。

顯自己才這麼做，他是爲了成就作品，才附帶地做到了這一點。結果是，越是偉大的藝術家在他的作品中越能展現他自己，那個以展現自己爲終極目的的藝術家，最終卻稱不上是藝術家了）。而欣賞者面對這樣的作品，他也必須將他自己完全地向作品開放，才能同等地回應那個在作品中無私地付出自己的作者。這就是我在Maritain美學中所看見的整體性，一種眞正深刻的整體性。（何佳瑞，2009，頁60）

我們現在要離開純粹的藝術創造，重新回到朝向於智慧的教育當中。Maritain對於藝術家創作過程的描述，使我們清楚地明白到藝術的創造與人之整體生命關係。透過藝術，人之諸能力似乎得以以一種前所未有的方式集中起來，直覺力穿透了實在，同樣以一種前所未有的方式產出了關於這個世界的創造性洞察。我們可以想見，如果有人以藝術活動爲基礎，成功地幫助受教者完成一種整全的、通向於智慧的教育，那他將可以在教育上達至何種驚異的效果！

事實上，這個令人驚異的例子已經發生了。它出現在20世紀初印度的R. Tagore（1861-1941）所創立的學校。

這所Tagore所創立的學校，在很多方面都是極度地非傳統的。幾乎所有的課程都是在戶外舉行的。藝術被交織在整個課程的設計裡，……許多有天分的藝術家、作家蜂擁而至這所學校，來參與其教學實驗。但蘇格拉底的追問法卻仍是課程設計與教學法中最前線以及最核心的部分。……在一個課程大綱中，Tagore寫道：我們的心智不是靠著獲取知識的材料或是吸收他人的觀念來獲得自由，而是靠著形成自己的判斷標準以及產出自己的思想而獲得自由。（Nussbaum, 2010, p. 71）

Tagore所說的這句話，已經向我們表明了他非常清楚地理解到心智的創造性與精神自由的關係，藝術的活動在其中起著關鍵性的角色，並且完全地融入了他的課程設計中。Tagore學校在最大程度上展示了人之創造力與人整體生命在各方面的關係，從單純的知識傳遞的課堂，到倫理的課堂上，皆貫穿了充滿藝術創造性的氛圍和教學方法，其教育實踐與Maritain教育哲學中所蘊含的、對智性、智慧和創造性之間密切關係的肯定，不謀而合。

M. C. Nussbaum指出，知名蒙特梭利教學法的創始人M. Montessori（1870-1952）曾經拜訪這過所學校，並在此觀察了Tagore的實驗；L. Elmhirst也在Tagore的學校待了幾年時間，然後回到了英國，創立了著名的達汀頓藝術學院（Dartington Hall College of Arts）。Tagore的這所學校所獲得的成功無疑是巨大的，而這項教學實驗對於後繼教育者的啟發也同樣是巨大的。然而，儘管我們都明白Tagore所達至的教育成就，但這項將藝術與智性完全結合的教育實驗卻沒有辦法在全世界各地生根。正如Nussbaum（2010, p. 72）所說，「Tagore實驗的一個最大缺點之一是……他沒有規劃出任何方法，以在他缺席的時候，其他人也能夠繼續以此方式教學。」確實，無論我們有多美好的教育的理想，我們現在仍然有必要審慎地去思考將生命的創造性與智性、智慧結合在一起的教育思想，在實踐上所面臨的難題。

但不論如何，Tagore學校充分結合並融入人之創造性於各項學科中的做法，以及其教育方式所獲致的成就，已經向我們表明了人的智性、智慧與創造性之間不可分割的密切關係，對於此一關係的重新提出和重視，在教育上具有一定的意義和價值。

伍、教育的挑戰與難題

Tagore沒有一套有程序的具體方法可以提供給其他願意追隨他的實驗的人。但他確實向我們展現了，在教育中，要使人之精神獲得最終的自由並且使生命獲得完全的綻放，創造力是不可或缺的，而其中，藝術的活動最是能引發受教者的這種生命創造力。然而，若是提供一套有程序的教學實踐方法，問題是否就能夠獲得解決呢？Tagore爲什麼自己不這麼做呢？

在Maritain的課程設計中，與藝術表達相關的設計已經大幅地受到重視，然而，就像之前已經說過的，「對於理性生命而言，最重要的東西是理智的洞察（insight）與直覺（intuition），而對此是沒有訓練或學習的。」（Maritain, 1966, p. 43）所以，Tagore或許不是因爲疏忽而沒有留下可供實踐的具體步驟，而是因爲他的教學法本身無法用任何刻板的或硬性的方式被複製。

這樣一來，在教育中想要成就一個朝向於智慧的生命，似乎沒有一套可以程序化的教學法。至少，如果我們想要透過藝術性的教學來達到這一目的（即幫助受教者從本有的自然智性逐漸朝向於或有能力朝向於最高的智慧），似乎變得不是那麼可靠。易言之，欲將創造力融入教學之中，或者以藝術性的教學幫助學生發展智性、朝向智慧，由於沒有可以普遍化的固定做法，儘管人們願意肯定創造性與智性、智慧的密切關聯，卻也難以在教育中進行實踐。

加之，培育生命的創造性以幫助（或裝備）受教者有能力朝向於最高智慧的進路，在不斷地強調、高舉「教學成效」或「量化指標」的教學氛圍中，由於缺乏固定的、程序化的或可複製的步驟（當然，這也導致了我們很難證明其教學的成效或者可量化的表現），似乎無可避免地成了一種緣木求魚的做法。

然而，無論如何，筆者卻以爲，我們不應該放棄培育受教者之創造力以幫助其有能力最終達至智慧的努力。對於生命之創造力的培育不僅僅是限於一般的藝術課堂，而是讓一種藝術之創造精神，貫穿於所有的課堂、所有的學科當中。雖然，就像我們之前已經提及的，一般與藝術相關的學科（例如，藝術、文學與詩、音樂與美術等）對於生命創造力似乎表現出了一種更直接的關係，然而事實上，各種學科都可能以一種藝術性的方式受到啟發。例如，Tagore就曾經以有如劇場般的角色扮演的方式，邀請孩子們離開自身的觀點而進入他人的觀點中。（Nussbaum, 2010, p. 72）這給予了孩子們一種自由，去實驗其他的理智立場，並且從內部去瞭解這些立場。我們可以從中看見一種藝術性的教學方法，貫穿在倫理學的課堂之中，讓我們的理智和想像的同情一同活躍了起來。又如，在臺灣頗爲受到關注的華德福教育，若我們暫且擱置華德福教育系統背後關於之「人智學」（Anthroposophie）的可能疑慮，單就它致力於在所有課堂上貫穿一種藝術之創造力的努力，也頗值得我們深思。在華德福教育系統的教學中，

每一主課程包括物質的、藝術的和知性的範圍，而周期式循環學習則有助於兒童「生命體」韻律節奏的發展。主課程範圍有語文、數學、自然科學和人文社會與環境，搭配各種創造性的藝術課程、身心發展與健康、慶典等活動，以得到身心靈的平衡發展。（范信賢，2011，頁263）

除此之外，在兒童創作心理學當中的一些研究成果，也能夠作爲各科教學上的參考。例如，在兒童發展心理學中，最常受到討論的一種原初的繪畫活動——塗鴉（scribbling），已經呈現出兒童的某種創造能力，而不僅僅是現實的複製練習而已。根據V. Lowenfeld（1903-1960）以及W.

L. Brittain（1922-1987）的觀察，兒童在2-4歲的塗鴉階段，就已經呈現了獨立的創造能力。

> 具有創造力的兒童在塗鴉時是不受到外在影響的。既使他們在群體中進行塗鴉，他們也很少會發問，或是去看鄰座兒童的作品。因爲他們自身的作品已經提供了所有必要的刺激。……尤其當一個孩子爲他自己的塗鴉命名之時，他的原創性和創造性就會變得明顯起來。他將會發展出自己的故事而無須詢問成人。但這絕不意味著具有創造力的兒童是不受到環繞著他的環境所影響的。更好說，有創造力的兒童從自身的作品中即能獲得享受和滿足，而不需要教師對其不斷地認可。由於塗鴉是創造性表達的開始，在此階段中，讓兒童發展出自信，並且給予他完成自己作品的獨立性和責任感，是尤爲重要的。（Lowenfeld & Brittain, 1964, pp. 111-112）

類似像塗鴉這種沒有任何可量化的教學成效的方法，如果運用得當，或許有可能成爲直接釋放我們直覺力和想像力的方式，然而它眞的有可能重新透過教學的設計融入課堂教學中嗎？例如，在文學的課堂上，學生將所讀到的詩詞或是對於某一文學著作的某種感受或感動用塗鴉的方式表達出來呢？塗鴉的目的並非是要教師來理解受教者所畫的圖像（或形象）的具體內容，它甚至可能只有對於受教者有意義，雖然教師不能給予這樣的塗鴉作業一個客觀標準的「評分」，但是活動的本身已經在刺激著受教者去整合、協調他的理智、情感以及想像的諸多能力了。

上述的這些例子已經向我們顯示出，將生命的創造力帶入教育中的努力總是可能的。儘管本文的重點並不在於全面的展開所有可能的具體實踐方法，但是我們已經可以想見，必然還有著更多、更廣闊的實踐方式，有待日後所有的教育學者與實踐者一同來探索。

陸、結論

教育可以從很多的面向來探討。本文嘗試從Maritain的教育哲學入手，輔以其藝術創作理論，指出生命之創造力是受教者朝向於整全之發展並且最終達至智慧的重要因素，並且從人之整體生命的角度分析此一關係的理論基礎與原因。雖然Maritain的藝術哲學仍有許多等待我們以更多角度和方式來檢證之處，它可能只是其中一種對於創作的表述方式，而其關於精神前意識的論述，卻頗有令人啟發之處。現有的教育文獻對於創造力與智慧之關聯的強調甚少，甚至，在升學主義的壓力下，藝術相關的課程常常是被忽視或是被首先捨棄的，更遑論是要讓創造之精神滲透所有課程的教學設計。然而，面對生命的眞相，我們不得不重新思考創造力的問題，以期在教育中，對於展現了人之整體生命統一性的創造能力，給予應有的重視。

參考文獻

何佳瑞（2009）。《馬里旦美學中的美與善》。臺北：高等教育。[Lenehan, K. (2009). *Beauty and Goodness in Jacques Maritain's Theory of Art*. New Taipei City, Taiwan: Heir Education.]

范信賢（2011）。〈慈心華德福學校課程的美學探究：E. Eisner觀點的映照〉。載於陳伯璋（主編），《課程美學》（頁257-280）。臺北：五南。[Fan, X.- X. (2011) The Aesthetical Inquiry on Ci-Xin Waldorf School's Curriculum. *Aesthetics of Curriculum*. Taipei, Taiwan: Wu Nan Book]

Adler, M. J. (1982). *The Paideia Proposal: An Educational Manifesto*. New York: Macmillam Publishing Company.

Freud, Sigmund (1978). *The Standard Edition of the Complete Psychological Works of Sigmund Freud. Volume V (1900-1) Interpretation of Dreams II and On Dreams*. London: The Hogarth Press and the Institute of Psycho-analysis.

Husserl, E. (1973). *Logical Investigations*. Vol. 1. London: Routledge & Kegan Paul.

Lowenfeld, V. & Brittain, W. L. (1964). *Creative and Mental Growth*. New York: The Macmillan Company.

Maritain, J. (1938). *True Humanism*. London: The Centenary Press.

Maritain, J. (1953). *Creative Intuition in Art and Poetry*. New Jersey: Princeton University Press.

Maritain, J. (1966). *Education at the Crossroads*. New Haven & London: Yale University Press.

Maritain, J. (1967). *The Education of Man*. Notre Dame, IN: University of Notre Dame Press.

Nussbaum, M. C. (2010). *Not for Profit: Why Democracy Needs the Humanities*. Princeton and Oxford: Princeton University Press.

Pulliam, J. D. & Van Patten, J. (1994). *History of Education in America*. New Jersey: Prentice-Hall.

Sartre, J.-P. (2004). *L'être et le néant*. Paris: Editions Gallimard.

A New Interpretation of Creativity: The Intersection of J. Maritain's Philosophy of Education and Art

Katia Lenehan

Associate Professor, MA Program in Brand and Fashion Management and Holistic Education Center, Fu Jen Catholic University

Associate Research Fellow, Academia Catholica, Fu Jen Catholic University

Abstract

Based on J. Maritain's Philosophy of Education, this paper attempts to elucidate the relationship between intelligence, wisdom, and creativity. The approach of this paper is to associate Maritain's philosophy of education with his philosophy of art in order to probe into the inseparable connectedness between creativity and the integral development of man towards wisdom in life.

The author singles out the concept of "spiritual preconsciousness," proposed by Maritain, in which man's abilities and personality have undergone a certain harmonious integration, and this can be obviously observed especially in man's artistic creation and performance. Maritain's narratives thereby provide a theoretical basis which demonstrates the meaning of human creativity with regard to his intelligence and wisdom. For Maritain, the highest achievement of man's life is manifested as wisdom. The creative activity, therefore, is in no way unrelated to human wisdom, on the contrary, it may be the best way for people to form themselves towards their highest life achievement.

At the end of this paper, we will discuss the possibilities and difficulties concerning a kind of education in which a real life practice towards the ultimate wisdom is actuated through developing the spiritual creativity within the student.

Keywords: Intelligence, Creativity, Pre-conscious, Maritain, Wisdom

二、高中哲學教育

哲學應該列入高中必修嗎：兼論「哲學場」之價值

周詠盛

鄭福田文教基金會高中哲學推廣講師

摘　要

近年來，由於哲學普及的興起，許多人開始思考把哲學納入臺灣義務教育的可能性，這可進一步拆解為三個層次：一是哲學是否應該列為多元選修，二是哲學是否應該列為必修科目，三是哲學是否應該納入升學考試的一環。而無論是列入必修或納入考科，都必須突顯哲學課程的獨特價值，否則，哲學大可附屬在現有科目內，或是維持選修即可，不需增加學生負擔或排課困難。

順此脈絡，我將指出：「哲學場」的實踐，可以是哲學課程的獨特價值，這不僅注意到了思辨能力的培養，更強調要打造一個有利於思辨活動的環境，以利學生在課程裡體驗思辨、練習思辨，進一步形成長期興趣、凝聚相應社群，並考慮如何應對當今越來越多人參與的網路討論。而在這樣的思辨活動中，情境觀察與描述、問題聚焦與表達、自由發言、小組討論與多次練習等皆屬必要。

如許多人所擔心的那樣，必修的某些制度化設計如預設標準答案、嚴格遵守進度等，可能會威脅到哲學課程的價值。據此我主張：「哲學場」的實踐，是哲學獨立成為必修的必要條件；若不實行「哲學場」，哲學課程就無須必修，列入多元選修應該會更適當。

關鍵字：哲學普及、哲學教育、思辨、批判思考、多元選修

壹、前言

近年來，由於哲學普及的興起，以及法國高中哲學會考所引起的關注，許多人開始關注哲學教育的價值，或是思考把哲學納入高中義務教育的可能性。譬如在2016年時，多位哲學系教授共同公開投書，呼籲政府在高中設置「哲學推理」與「批判思考」的課程，就頗具代表性。[1]

該文所提出的主要理由，一是從歷史發展來看，哲學思想是文明發展的領頭羊；二是文史哲向來並稱，但在我們的中學教育裡，文史皆有對應課程，唯獨哲學沒有；三是從過往歷史來看，哲學人能夠對社會做出貢獻；四是哲學課程有助於批判思考、避免謬誤。這顯然是主張，哲學具有獨立成課的價值，就算可能造成學生額外負擔與排課困難，也應該積極在制度上推動之。

面對變遷快速、資訊爆炸與文化多元的全球化社會，世界各國紛紛意識到教育改革之重要性，在這波思潮當中，考慮哲學能否是義務教育的助力，應當是值得正面看待的事。然而，哲學的內容豐富多元，要下一個精確又完整的定義，已屬不易。承此，高中哲學課程應當具有哪些內容，每個人所想的也未必相同。若不先行界定出一個大致範圍，相關討論將過於發散、難以聚焦。

大致說來，我們期望哲學教育能夠增進道德、社會與政治議題的理解，與獨立思考、批判思考的能力，以期培養積極參與公共決策的公民。理想而言，這樣的公民，應能做到以下幾點：對關鍵概念有基本無誤的理解、對重要理論有一定程度的熟悉、能擷取文本的論證並加以評價、能反思自身觀點的合理性、能參與公共議題的討論脈絡、能對公共決策提供建

1 〈全國哲學系教授對新政府的呼籲〉的全文，參見網址：https://tw.appledaily.com/forum/20160601/YIQBMYDKCYAZOR6GE4HH75TGFU/

設性意見等。這可說是哲學課程之教學目標，或說其主要價值所在，至於內容比重、課程主題與教學方式，還值得進一步討論。

據此，我把認可這一教學目標，與哲學應在高中義務教育中獨立成課的主張，稱爲「獨課論」。這又可細分爲幾種立場：一是認爲哲學課應列爲多元選修，任學生自願選擇是否參與，而不涉及必修與升學考試；二是認爲哲學課應列爲必修科目，亦即強制所有學生皆須參與，但不涉及升學考試；三是認爲哲學課不僅應該設爲必修，還要納入升學成績評量，亦即升學考試應有哲學一科或哲學題目。

本文主要討論立場二，略爲涉及立場三，立場一則不多費筆墨。這是因爲，立場一已是現在進行式。在108課綱實行之前，高中課程就已有多元選修的設置，某些高中已固定會開設哲學課程[2]，讓有興趣或嘗試接觸的學生得以選修，而非使全體學生都必須接受。這樣頗具彈性的做法，幾無爭議可言，畢竟學生基本上可自主選擇，也無多少學習負擔。[3]至於立場三，則涉及了考題設計與配分比例等問題，無法在此詳細處理，只能談及一些基本原則。[4]相較於上述兩者，最受關切、意見最分歧，也最需要梳理的，是立場二。以下我將討論反對獨立成課的理由，以及獨課論者的回應策略。

---

2 譬如，在鄭福田文教基金會的支持下，中山女高、臺中一中、臺中女中、臺南一中、屏東女中等學校，於多元選修的時段裡，都有哲學課程的開設。

3 關於高中多元選修哲學課的實作經驗，以及學生們可能有的具體反應（正面的或負面的），可參考拙作〈問題導向的教學嘗試：一段高中哲普的經驗與省思〉，中國哲學會編《中國哲學與哲學在台灣》，臺北：五南，頁243-271。儘管這僅是一種初步嘗試，尚有不少改進空間，但應已足以反映在多元選修開設哲學課的價值。

4 譬如近來常常引起社會大眾熱議的法國高中哲學會考，不僅是必修課程，更是決定升學成績的重要考科。儘管其考題與教學內容多受肯定，但某些學者如吳豐維即表示，法國的課綱設計有其文化背景，不能完全適用於臺灣。見傅雅瑄《高三學生對哲學教育認同性初探——以法國尚普高中及台北市立成功高中為例》，天主教輔仁大學法國語文學系碩士論文，2016，頁47。

值得注意的是，有些人會認為，我們不能單從抽象的教學目標來考量獨立成課一事，而至少要有一些具體教材或內容來做為基準，否則這更像是在各自宣稱特定教材教法的適用性，因為不同人對於哲學課的認知可能差距頗大。或者是說，我們應先行釐清幾種教材教法的適用與否，或至少是指出有些教材已經值得嘗試（譬如《法國高中生哲學讀本》系列叢書），再來討論是否獨立成課的問題，才更能有建設性的觀點出現。

我同意這一說法有其合理性，也不否認有些教材值得特別提出來討論。不過，蒐集、詳述甚至鑑別這些教材教法儘管很有價值，此項工作卻不是短時間內可以完成，而是需要長期記錄與追蹤。所以在現階段，至少我們可以先把「哲學是否應在高中獨立成課」區分為兩個子題：原則上是否存有一種哲學課（包括教材、教法與評量等），值得在高中獨立成課？如果有的話，這種哲學課具有哪些內容、性質與特徵？我相信釐清對此的幾種不同態度，對於未來討論教材教法會更有幫助。

此外，我們與其把這些反駁、回應視為論爭，不如視為對哲學課程的檢驗與補充，可讓我們有更為全面、整體的考量。所以，就算這些回應不足以證成獨課論，至少也能反映出哲學課程應有的取向、設計與定位，使其規劃更為明確與深刻。從長期發展、持續經營的角度來看，這不僅有益，也屬必要。

貳、質疑與回應

對於多元選修內的哲學課，許多人抱持著樂觀其成的態度，但納入必修則又另當別論。除了增加全體學生的學習負擔以外，反獨課論者的質疑，以及獨課論者可有的回應如下：

質疑一，是可替代或可附屬。這是指：要達成教學目標，現有的其他科目也能做到，或說把哲學附屬在其他科目下即可。更詳細地說，現行體制內裡的公民科、國文科與生命教育等，或多或少都涉及了哲學內容，這些內容就已足以達到哲學推理或批判思考的目標，而不需另外設置獨立課程。[5]或者是說，增加一些相應於哲學的章節即可。

當然，獨課論者會認爲：儘管現有科目的確涉及了一些基本知識，但實際上並未滿足完全哲學所預期的教學目標，所以才需要另闢新課。但反獨課論者則會說，我們可以透過教師培訓、教材改進等方式，來改進現有課程，若能有一定成效，則獨立成課便無必要。還有一種延伸想法是，哲學在分析某些重要的重大事件與新聞案例上，誠然極爲有用，但只要碰到這些事件和案例，再適時地提及哲學就好，這只要依靠現有課程即可做到，不需另立新課。

値得注意的是，這不僅認定了教學目標可由其他科目來達成，更認定了哲學內容可由其他科目的教師來講授。理想來看，在滿足一定條件下，其他科目或許能夠替代哲學，但必須注意，我們不能因爲少數教師有能力在自己的專業科目裡講授哲學，就逕自認定多數教師皆能皆應做到這一點。畢竟我們現在考慮的是整體制度設計，太過強調少數成功案例，不僅容易忽略那些不太理想的情況，也可能會添加許多壓力在平常不太接觸哲學的教師身上。

順此脈絡，所謂其他科目也能達到哲普目標云云，其中一個關鍵是師資，亦即主導課程走向的教師，有沒有足夠能力在公民、國文與生命教育

---

5 如李文富即表示，高中學生的確需要哲學教育，但是否需要以一門「哲學課」的方式呈現，還有討論空間。此外他指出，自民國99年開始實施的、一學分必修的「生命教育」，廣義來說屬於哲學課程。見傅雅瑄《高三學生對哲學教育認同性初探——以法國尚普高中及台北市立成功高中為例》，頁50-51。

等課程中，適當地講授哲學內容？又，這樣的能力，可以經由短期講座或培訓來獲得嗎？如果答案是可以，我們就應承認這些科目能夠滿足原先設定的教學目標，能夠替代哲學課程；如果答案是不行，獨立成課看來就相當有必要。

在歐洲，某些已有哲學必修的國家如法國或盧森堡，在師資培養上都相當嚴謹有度，不僅要求哲學學歷，還需通過一定時數的訓練與測驗。當然，由於課程的功能與期待不盡相同，臺灣和歐洲國家的情況或許不宜過度類比，但這應已足以告訴我們：要對高中生講授哲學、要在課程裡普遍且有效地達成教學目標，「有無恰當師資」是一關鍵因素。

據此，獨課論者會主張：「可替代或可附屬」是一種相當理想化的說法，與現實有著不小落差，實需要許多條件支持。至少在師資培養尚未得到應有重視、尚未建立完整機制之前，實不宜輕易肯定這一點。也可以說，獨課論認定：無論是選修、必修或其他課程規劃，教師都應具有哲學專業背景，以及帶領討論的一定經驗。這類專業、經驗所帶來的助益，是其他科目所無法逕自取代的。[6]此外，隨獨立成課而來的教材編寫，亦即教材在主題、範圍與深度上的主導權，也是達成教學目標的有利因素。所以，面對可替代、可附屬一類的質疑，獨課論者可以主張：制度上的獨立成課，同時也代表了師資培育的專業與教材編寫的空間。這幾種配套，都是使教學效果提升的極大助力，也顯然是現有科目不易替代的部分。

---

[6] 如果能夠說明師資培訓應有的流程與標準，相信獨課論的說服力會強上很多，這一點還有待未來更深入的構想與試行。現階段，我們可以略為對照歐洲某些國家的哲學師資培訓，儘管不能直接適用於臺灣，但其所投入的資源與心力，值得我們參考。譬如我曾在2018年的世界哲學大會上，聽過一位來自盧森堡的哲學教師表示，盧森堡的哲學師資，要求哲學碩士的學歷、上百小時的培訓，最後還必須通過筆試、口試兩重測驗，課程內容則是以知識論為主。從中大致可以看出，對於高中哲學師資培訓的要求可以到什麼程度。

質疑二是成效有限。這是指哲學課的正面功能，只能在部分學生身上反映出來；若然，只需有選修即可，不需設置必修。所謂必修，是指對所有學生而言，每個禮拜都有固定時間（通常是一到兩節課）專門上課。但實際上，許多學生會把這類考試不考的課程當成「涼課」，可以用來補眠或準備其他科目的作業與考試。當然，碰到有趣之處，他們還是會花點時間聽，但很難期望他們從頭到尾積極參與。

有鑑於此，一些反獨課論者會認為：透過多元選修、定期講座與各式營隊，既可以讓有興趣者參與更多，也不至於綁住缺乏興趣者的時間。然而，如果哲學課有其價值，就應該試著讓學生們認知到這一點，而非逕自排除可能不認眞參與者。由於學生缺乏意願而不上課，看來頗有本末倒置之嫌，畢竟義務教育的課程規劃，考量的不該是學生現在有無興趣，而是學生未來需要具備些什麼知識或能力。而反獨課論者還可以進一步說：考慮到哲學課程應是鼓勵相互對話、參與討論，透過選修、營隊等形式，把有興趣接觸者集中起來，才更能促進發言與討論，課程品質也才會更高。若班上的無意願參與者過多，會相當不利於小組或集體討論。[7]

這是一種對於實踐效果的檢驗與要求。我們很可以承認，採取選修形式而把少數有興趣的學生集中起來，教學效果會比較好。然而，若肯定課程普遍對學生的未來有所助益，教學效果好壞似乎不該是影響必修與否的理由。尤其是，當其他科目也遭遇類似情況時，我們不會因此主張把既有科目變成選修，而會考慮透過什麼方法來增進學習效果。

然而我們不應忽略，一旦哲學課程成為必修，在所有高中一同實行

---

[7] 另一個延伸想法是，哲學所標榜的思辨能力，或說批判性思考，一定程度上是天生的，某些人有、某些人沒有。也就是說，那些沒有積極參與的學生，不只是出於意願不高，也是出於能力不足，因而難以實施有效教導。思辨能力是否為天生的、不易後天培養的，實可探討。但原則上我們應當承認，人人皆能夠思考價值判斷與公共政策的合理性，儘管這種能力或有天生高低之分。

時，無論事先設想多麼周到，都可能會出現教學成效不符預期的各種狀況。嚴重的話，不符預期者還會佔上相當比例。因此，若我們能訂出某種原則或標準，來檢驗哲學課程能否滿足其教學目標，並設定有利於持續改進的機制，如相應的講義、問卷、成績評量、觀課建議與檢討會議等，「成效有限」之類的疑慮當可減緩許多。

質疑三，是制度化的反效果。並非所有哲學愛好者都會理所當然地支持獨課論，其中有些人的想法是，就是因爲愛好哲學，才不希望它被制度化課程給歪曲，從而給學生們帶來不太好的第一印象。[8]也就是說，制度化的必修課，不僅無助於推廣哲學，還會反過來威脅到哲學課程的價值。

所謂制度化，具體做法包括統一課綱、統一教材、遵守進度、分數導向等，容易予人死背塡鴨的印象；更具體地說，哲學課程應該鼓勵多元意見，但統一課綱與統一教材，卻隱隱預設了標準答案。哲學課程應該鼓勵熱烈討論，但遵守進度的壓力，卻會遏止大家發言的時間與空間。哲學課程應該鼓勵對思考過程的反省，但分數導向的思維，使得評量過程中，學生會傾向去猜測出題者想要的答案，而非表述自己的眞實想法。

這類疑慮，是出於對義務教育的某種既定印象。有人可能會說，哲學課程的情況和其他科目並不相同，不至於如此，但相較於上述兩點，這一說法對於獨課論的威脅，恐怕最大也最難以解消。這是因爲，除了制度化似乎難以避免以外，此說還反映出一個重要問題：一個理想的哲學課堂，應該要是什麼樣子？其進行過程有何特徵？和其他科目的上課方式有何區別？我們有理由相信，就是因爲對哲學課程有某種明確預期或想像，並且

---

8 一個常被提及的例子，是以孔孟為主的儒家思想。有許多人會說，國文課的進行方式，讓人感覺孔孟之說不過是一套道德教條，但孔孟思想的形成，其實經歷了生動活潑的轉折過程，其合理性要在完整的脈絡裡，才能明確地反映出來。而現有課程的進行方式，往往不利於這樣的反映。

此預期和制度化的種種做法落差極大，所以才認爲制度化將帶來反效果。

這類預期在每個人心中或許有些差異，但還是能歸納出某種共同點：哲學課程應鼓勵學生的發言、討論與不同觀點，至於教師是做爲主持人，一方面歸納、總結與聚焦，二方面提供持續討論的必要資訊。理想情況下，學生能透過教師的引導與協助，自行提出關鍵的概念、命題或論證（儘管可能是很簡略的版本），並持續加以補充與修正。當然，未必所有獨課論者都如此預期，但也就因爲如此，我們可以發現到：同樣的教學目標，在課堂模式上可以有很大差異。那麼，要解決「制度化造成反效果」的困難，我們應當先行確認：應採取怎樣的課程模式？有多大彈性？是統一規定嗎？還是由教師自行斟酌？

此外，因制度化的反效果而拒絕獨課，可能蘊含一種反對思想控制的傾向。至少依我個人對高中生做的意見調查，以及某些網路使用者的反應，在反對哲學必修者的主要理由當中，應有警惕思想控制的成分在（儘管可能沒有顯題化）。因此，其中一種替獨課論辯護的方式，是主張它有反省「思想控制」的內容與功能，這至少有兩種可相互配合的做法：一是強調哲學課鼓勵不同觀點的表達與交流，二是設計專門反省「思想控制」的、甚至是反省哲學課本身的課程主題。[9]當然，具體應如何操作，還有很多討論空間。

行文至此，對於先前提及的兩個子題：原則上是否存有一種哲學課（包括教材、教法與評量等），值得在高中獨立成課？如果有的話，這種哲學課具有哪些內容、性質與特徵？我們可以得出一個初步結論：獨課論者會主張，原則上存有一種具有極高價值的、值得教導給高中學生的哲

[9] 某位審查人指出，德國並無高中哲學必修，而德國許多人反對哲學必修的原因，正是對思想控制的制度化的恐懼。這讓我想到，「反省思想控制」可以是哲學課的一大亮點，特此致謝。

學，但若要成爲必修，就需要較嚴格地考慮目標、方法與成效等因素。承此，若能保證師資培育、教材編寫的品質，並有講義、問卷、觀課建議或檢討會議等配套，來使課程維持在一定水準，並有持續改進的空間與機制時，哲學就應該在高中成爲必修；如果不能，則維持在選修即可。

參、「哲學場」的功能與價值

獨課論的主張若是成眞，影響相當重大，涉及到了多方面、多層次，需要許多配套措施來共同支持，在此無法一一論及。以下我將透過「哲學場」這一概念，力圖說明一種對哲學課程的預期與構想，並指出這是哲學課所能提供的、其他科目不易替代的最大優勢。但在詳細說明哲學場之前，我想先針對「思辨」（或曰批判性思考）做一簡要說明。

首先，思辨是一種複合能力。「思辨」一詞或許沒有眾所公認的明確定義，但若我們之所以教導思辨，是爲了有益於公共議題或政策的討論，而公共討論是要眾人一同考量不同聲音，最終尋求共識與合作的話，那麼思辨更多地是指一種複合能力，不僅指懷疑、推論與判斷，還需要觀察、表達、溝通、提問、聯想、同理、容忍等多種基本能力的互動配合，或說需要它們的高度整合。[10]

接著，思辨是需要體驗與練習的能力。如前所言，思辨需要多種基

[10] 事實上，思辨所需要的跨領域知識與多種基本能力，已開始有學者注意到，如美國密西根大學的曼利（David Manley）教授，就試圖納入修辭學、心理學、認知科學、行為科學，甚至是機率與統計等內容，來設計批判思考課程的教材。儘管在思辨的功能上，他強調的並非公共討論而是廣泛地避免各種思維謬誤，但避免謬誤對公共討論當也能有極大助益。參見下列網址：http://dailynous.com/2019/05/01/new-kind-critical-thinking-text-guest-post-david-manley/?fbclid=IwAR0a0tt6GI2nm-o18K5XzK6kSNEkqLUx6dZa9BCCa7100q7K8pDuP_Gg-U4。

本能力的互動配合，這就需要先行體驗思辨過程，加上一定程度的練習才能得以精進，光是了解理論知識恐怕效果有限。當然，許多議題的思辨活動，需要有先備的理論知識方可順利進行，但我們絕不應忽略，體驗與練習才能幫助我們把那些基本能力整合地更好。

最後，思辨是需要特定環境才能恰當發揮的能力。相信許多人都有注意到，有些環境適合靜下心來整理思緒，有些則否。思辨活動也是如此，一個適合思辨的環境，要能避免眾多干擾因素，並能讓人放鬆心情，騰出更多專注力在體驗、練習與整合之上。

據此，所謂哲學場，就是要基於人們天生而有的思辨傾向，突顯出思辨活動的可體驗、可練習、可培養興趣與可凝聚社群。更具體地說，就是塑造一個友善的、同情理解的、鼓勵多元意見的思辨環境，透過恰當引導與意見交流，來使學生表達想法、面對質疑、尋求共識與修正觀點。[11]也可以說，哲學場是要替思辨的體驗與練習來創造有利條件，因而歡迎任何有利於思辨活動的資訊、觀點與做法。

儘管「哲學場」一詞看來似乎新奇，但生活中類似用法其實頗爲常見，譬如我們要打籃球就去籃球場，要溜冰就去溜冰場，若無適當場地，活動就不容易順利進行。同樣地，若把思辨視爲一種活動，那哲學場的存在，就是爲了此活動更順利進行、品質更高。這一構想絕非空談，就我的實際觀察與參與經驗，包括多元選修與各式營隊[12]，哲學場已有多次效果

---

[11] 類似概念已有人提出過，譬如朱家安所言的「哲學空間」，其文網址如下：https://news.readmoo.com/2019/08/01/kris-190801-doxa/?fbclid=IwAR1rsaW6QcvIl6QgukRO7ixpVvOf_1dooFlpjXADc9ty9KghSVTZxSFbG0k。

[12] 關於高中多元選修，我負責臺中一中、臺中女中的課程已有數年時間，大致上，每週上課都有一半以上的時間開放自由發言或小組討論。至於營隊，我於2019年參與的有：臺大哲學營（臺大哲學系系學會主辦）、第十五屆愛智營（新生代基金會主辦）、國中領袖思辨營與高中職哲學思辨營（各兩梯，由教育部國教署生命教育中心主辦），這些營隊都設有自由發言與討論的專屬時段。

良好的實踐。

當然，由於主題、場地、時間長短、講師風格、學生組成等背景條件的不同，具體做法也不盡相同，但這些哲學場都有相同的基本原則：相較於知識傳遞，更強調技能操作；相較於講授思辨的理論知識，花更多時間在練習思辨過程。這具體展現爲：每位學生都有發言機會、鼓勵針對問題提出自身觀點、鼓勵自行定義概念（只要能指出其重要性）、鼓勵提出盡可能多的資訊和理由、鼓勵質疑主流想法、鼓勵回應他人意見等，並盡量使學生思考與發言的時間佔更高比例。

這乍看之下或許簡單，但要保證每次的教學效果皆能穩定良好，其實並不那麼理所當然。在選修和營隊那裡，由於參與學生有相當比例是自願前來，本就有不少想法與思考經驗，運作起來相對順利。然而，一旦哲學課程成爲必修，我們就必須預設：相當比例的學生，對哲學與相關議題僅有粗淺的直覺印象，沒有思辨經驗、缺乏明確立場甚至根本不感興趣。更具體地說，這類學生很可能不太參與課程，會分心做其他事，面對討論容易「卡住」，亦即沉默不語、不知所措或回答不知道，甚至故意答非所問或東拉西扯。這時，如何讓他們加入並熟悉討論，或至少是願意開始嘗試，就成了非常關鍵的一步，而哲學場的實踐能夠帶來顯著效果。

那麼，具體說來，哲學場做對了什麼？它如何引發人們進行討論的動機，又如何讓人們意識到思辨的價值？以下我將從幾個層面來解釋，一方面突顯哲學場的主要功能，二方面爲日後哲學場的更多實踐型態提供理論基礎。

一是滿足思辨傾向。所謂思辨傾向，是指人們天生就會運用理性、運用思考能力，一來提出許多問題如規範的合理性根源爲何，或現象背後的原理原則爲何等；二來提出各種答案，並選擇自己較能接受哪一種。儘管理性思考看似隨時隨地都能進行，但若要保證一定品質，則需要某些條件支持，譬如充分的基本資訊、大致相同的關注焦點，並與適當的人共同討論等。

也就是說，透過提供資訊、設定議題、釐清焦點與爭議、條列立場與論點，並邀集有意願有興趣的人一同參與等，哲學場能夠應對下列情況：對某些議題頗有興趣，卻找不到同好可以討論；自己有某立場或論點，希望知道他人對此有何反應；對於一個常見說法，希望盡可能了解不同聲音；有某立場或論點，但不太肯定怎樣表達最精準；有些長期以來不得其解的問題，希望能從哲學那裡獲得解答等。事實上，許多學生都曾有過類似想法，只是缺乏相應管道來實現之，哲學本應大力鼓勵這類態度，而哲學場正是一具體可行者，能夠滿足這些人類理性自然而有的傾向。

二是提供思辨體驗與練習。所謂思辨體驗，可說是一種思辨上的自我效能感。所謂自我效能（Self-efficacy），是由班杜拉（Albert Bandura）於1977年所提出的概念，它是指人在發揮某種能力、採取某種行動時，能否取得預期結果的、有高低可言的自我評估。這反映了人對於自己能否完成任務或克服挑戰的信念程度[13]，這具體展現爲「我能做到」、「我能做得和大多數人一樣好」、「做到這個讓我有成就感」等感受。而其中一種相應現象是：效能感高的人，更會試圖解決困難，更會利用各種資源去克服挑戰，並且在面對困難與挑戰時，傾向認爲這是學習的機會；效能感低的人，則容易放棄，爲了避免犯錯而挑選輕鬆簡單的任務。

根據這一理論，提高自我效能感的主要原則有四：一是自己曾有相應的成功經驗，尤其在克服困難挑戰後，技能有了顯著提升時。反之，如

---

13 必須注意，自信並不等於自我效能：自信指的是個人對於自身存在價值的信念程度，而自我效能則指個人對於自身在某一領域上能力高低的信念程度。也就是說，同一人在不同領域或不同技能那裡，效能感可能落差很大。

果面對困難而一再失敗，效能感就會快速下降，亦即對自身效能的預期直接減弱。二是認識到他人的成功過程，特別是面對哪些困難、運用哪些能力、付出哪些代價又得到哪些回報。三是具公信力者給予自己正面評價，最好能夠明確指出哪個部分特別優秀，以及如何可以更傑出。四是自身生心理的健康狀態。

這套用到哲學場上，代表它的進行應當有一主持人或類似評論人的角色，來爲發言提供正向回饋。這類回饋，包括指出發言者提供了哪些有價值的論點、反駁、理由與案例，以及它們爲什麼有價值；或說明其發言內容的哪些特徵，能夠有助於公共討論、凝聚共識；並透過一些技巧如詢問資訊來源、立場重述與確認或程度適中的挑戰等，引導發言者把觀點表述地更加完整清晰。當然，也能建議發言者：哪些概念、術語或表述方式，可以使發言內容更爲明確易懂；哪些案例、論證或理論，可以使發言內容更加合理。這些做法，能夠讓學生取得一定程度的成功經驗，或說觀摩到他人如何成功，同時也意識到值得改進之處。[14]

這樣的做法，其實隱含了下列觀點：人們之所以缺乏思辨動機，或說無法認識到思辨的價值，不見得是由於天生能力不足或本來就無興趣，而可能是因爲他們極少有機會發揮自己的思辨能力，因而缺乏效能感，甚至直覺地認定自己不適合。所以我們更應該讓學生實際體驗思辨、練習思辨，而哲學場的主要功能，就是提供一個體驗與練習的場所。[15]據此，哲

---

14 對於更多這類強調思考過程而非理論知識的教學方式與案例，可參考理查特（Ron Ritchhart）等著，伍晴文譯《讓思考變得可見》，新北：大家出版，2018。儘管此書關注的是廣義的思考，而並未強調思辨本身，但該書區分了思考歷程的探索、統整與深入，並分別提供了六到七種具體操作方式，與哲學場的基本構想非常相似。

15 值得補充說明的是，我並非主張一種教學上的嚴格次序，主張必得要先有提問與發言的練習，而後才應有理論知識的傳授。每個人的學習歷程不盡相同，重點是應該是實踐與知識之間如何互補，而非如何形成順序。我之所以特別提出哲學場的概念，是因為在哲學教育上，我們似乎太缺

學場可說是爲了思辨能力的初階練習而設計的，其他諸如文本摘要、重述並檢驗論證、論說文寫作等，都是很好的進階練習，也可以和哲學場相互配合進行。但必須注意的是，如果跳過這類初階練習，而直接跳到進階的部分，相較於初階與進階的配合，教學效果恐怕會打不少折扣。

三是培養思辨興趣。1992年，希地（Hidi）與安德森（Anderson）提出了學習興趣的理論，他們認爲：對於特定領域的學習興趣，可以大致區分爲個人與情境兩類。其中，個人興趣相對穩定持久、不隨情境差異而變動，主要立基於個人特質；情境興趣則是與情境互動而有，離開情境即消失，主要立基於情境特質。當然，這兩者並不互斥，在某些學者看來，它們能夠解釋長期興趣的形成過程：首先是引發情境興趣，通常是訴諸於情境帶來的正向情感，透過情感刺激來引發關注；其次是持續情境興趣，個人開始主動投入，與情境之間的意義感也漸漸產生；接著是喚起個人興趣，亦即個人想要累積相關知識、自訂任務或尋求挑戰；最後是形成個人興趣，亦即形成了穩定的參與模式，持續地投入時間心力並得到正向回饋。

這套用在哲學教育上[16]，即反映出做爲初階體驗與練習的哲學場，應

乏體驗與練習的機會，而不乏獲得理論知識的管道（尤其在網路資源豐富的現代社會）。此外，我也並非主張每次講座、營隊或課程，都必定要以哲學場為主。哲學場要能夠順利進行，有賴於討論者們對議題有著正確無誤且基本充足的認知。也就因為如此，在較為複雜深入或影響廣泛的議題上，可先以講演或其他形式來協助學生們獲得先備知識，以利後續的討論進行。

16 值得參考的是，在臺灣的科學教育裡，早已有人試著基於興趣理論來做教學規劃。他們基於情境興趣的三個類型來提出下列原則：一，文本興趣或教學內容：新奇的刺激、生動的、引起情感的、有意義的、有組織的、符合認知或先備知識的、易於理解的；二，任務興趣或教學策略：小組同儕互動合作、能參與或動手操作、進行探索、提供適當提示、鼓勵思考與討論困難概念、鼓勵主動投入學習過程、更多的校外連結；三，知識興趣或個人特質：發揮個人特色、有選擇機會、具挑戰的、具創造性的、有即時的享樂、有增能的感覺、運用各種資訊來源。見鄭瑞洲、洪振方、黃台珠〈情境興趣——制式與非正式課程科學學習的交會點〉，《科學教育月刊》第340期，2011年7月，頁6。

適當涉及正向的、有助於引發思考的情緒反應，如愛、感恩、歡樂、希望、自豪、激勵、驚奇與困惑等。這可具體實現爲：採用相應的圖片影片或流行語、在說明議題時輔以相應事例、進行類似角色扮演的活動，或直接詢問這些情緒反應是否合理、是否影響了我們的思考判斷等。當然，這絕不是要刻意編造或加油添醋，而是要說多數議題或時事，在不同人那裡本來就容易引發不同情緒反應，只須適度地呈現之，就能讓學生了解到，哲學思辨絕非枯燥乏味，而完全可在日常中活用。

此外，也可以透過故事情節、思想實驗或角色扮演，輔以提問設計，來詳細說明觀點或理論的建立過程。這一來可以突顯出，一個有力的、完整的說法，往往是經歷發想、擴充、回應、修正等步驟，並非一蹴可及；二來也可以反映出，步驟進行當中所伴隨的心理轉折與情緒反應，讓思辨本身更爲生動、更有臨場感。這不僅是透過正向情緒來使學生們保持專注，同時也建立了思辨活動與正向情緒之間的積極連結，以使學生在初步認知或直覺印象上，就認定思辨活動是有用有趣的。[17]

當然，我們的主要目標，是讓學生的思辨興趣在脫離特定的情緒情境後，也能以其他方式持續下去。所以除了初步體驗以外，更應該促成多次練習，因爲做爲複合能力的思辨，必須透過一再練習來漸漸熟悉與廣泛運用。其中一種方式，就是提供稍有難度的思辨題目，但花些時間心力便可做到。若能累積思辨過程的練習量、累積一定程度的成功經驗，並在每次的思辨活動後，都能積極反省自身發言的優缺點，並加以保持或改進，思辨能力就能確實且穩定地提升，思辨效能也更能充分展現。

---

17 一種可能的擔憂是，儘管提供了有趣的、令人愉快的、涉及正向情緒的活動，但活動所帶來的思辨深度有限，或其效果只在少數人那裡顯現。這種情況絕非建構哲學場的本意。此處之所以提及正向情緒，是要把正向情緒當成一種引發動機的輔助，或說協助理解的背景資訊，哲學場的實踐始終應以思辨活動本身為主。

四是凝聚思辨社群、改善社群討論風氣。各式哲學講座、營隊或選修課程所可能遇到的困難之一，便是其所獲得的良好成效，難以在活動結束後延續下去。當然，我們往往期望學生們會閱讀更多相關書籍、參加更多相關活動，主動把思辨融入自己的生活當中，但眞正做到者實屬少數。其中一個令人持續參與的重要因素，就是擁有品質良好的人際關係。如果能夠形成特定風氣、凝聚力高的社群，其活動也就會有固定成員參加。

如果認可「培養思辨能力以參與公共決策」的教學目標，那麼應當也會承認：一個成熟發展的民主社會裡，該有相當數量的思辨社群，以及相當品質的思辨活動。而哲學場能夠做爲這類社群凝聚的前導，讓我們在發言與回應的互動當中，認識對思辨也感興趣的、適合一同討論議題的人。這樣的人際關係，有時可以持續數年甚至數十年。

値得進一步思考的是，有人可能會說，這種以「哲學場」爲主的必修課程，終歸是一種菁英思維，或許能在菁英學生那裡看到成果，卻不應套用於文化或社會資本較低的學生，或至少是不値得付出額外成本來做。的確從實證的觀點來看，儘管有一些初步成果，現階段的確缺乏足夠的質性或量化證據（就算已預設師資充足），來宣稱有一種哲學課適用於程度、特質各異的學生們，這類做法還需要更多試行，才能確認它在不同學校所帶來的效果與效應。

不過，考慮到其他高中必修課程也未必是經過這種實證才得以成爲必修，或許我們應該先處理，獨立成課這一問題本身，是否該完全以實際效果來判斷，或至少是考量要實證到什麼程度。在我的設想中，「哲學場」在面對各種不同學生時是否能基本運作良好，有哪些可能的變化型態，又如何測量與檢驗，應是實證的標準之一。當然，這一點還値得更多思考，這裡只能簡單提及，做爲日後探討的可行方向。

此外，我們也應注意：在網路技術發達、社群軟體吸睛的現代社會，人人一支智慧型手機、發言成本極低的結果，網路社群的討論幾已成為日常生活的一部分，就算沒有實際發言，相信也多少會瀏覽他人留言並受其影響。這類現象，在自小就接觸網路的年輕世代那裡尤其明顯，而令人憂心的是，網路上的新聞時事或各式議題，下方往往充斥了直覺式的發言，甚至多有針對敵對立場嘻笑怒罵、挖苦反諷者。這無疑產生了排擠效應，不僅使有價值的言論無從突顯，也讓有心認眞討論者無所適從、難以起步。

更有甚者，現在的高中生，已有了自家學校的專屬網路平台，如「黑特建中」、「靠北中女中」、「紅樓康普爛」（雄中雄女專用）等[18]，內容多涉及校園生活、課程評價、情感抒發甚至補習班比較，其所形成的輿論走向，有時甚至能夠影響校方的人事安排與決策[19]。但在這類平台上，理性討論的態度與聲音恐怕仍屬少數。

顯然，網路討論社群的出現已難以避免，而哲學場的存在，可讓學生儘早熟悉公共討論的態度、禮儀、規範與用詞遣字，以提升網路社群的溝通品質，同時也使社群的凝聚力更強。當然，眞正見效可能需要長期的、各方面的努力，這只能說是一種初步構想，還需要更多的嘗試與改進。

[18] 它們皆是屬於臉書的、匿名發言的粉絲專頁。其中，「黑特」是hate的音譯，「靠北」是閩南語音譯，「康普爛」是complain的音譯。

[19] 譬如臺中女中的學生們，持續在「靠北中女中」上批評校長呂培川的決策，並主動發動連署反對其連任，獲得近千名師生支持，數位臺中市議員也就校長是否適任一事質詢教育局。後來呂培川不獲續任，為臺中女中史上校長連任失敗首例。當然，我們並無法斷定「靠北中女中」的存在是該校長連任失敗的主因，但在這一事件上，它無疑是學生們交換意見、散布訊息與凝聚共識的主要媒介。

肆、小結

在民主社會的理想中，我們希望所有公民都能透過思辨來討論公共議題，在充分聽取各種意見、考量多種可能性後，進一步形成共識。據此，學校教育應該主動提供相應課程，讓所有學生皆能體驗思辨、練習思辨，並進一步形成內化素養、凝聚相應社群。

哲學的獨立成課，是達成此目標的有效構想之一，因爲體驗思辨、練習思辨，正是哲學課所能提供的、其他現有科目難以替代的獨特優勢。或者換個角度說，哲學要獨立成爲必修課，則應以思辨的體驗與練習爲核心，在這之中，哲學場的實踐應佔相當比重；如此一來，才能保證哲學課不會如某些人所擔心的那樣，被標準答案、固定進度與定期測驗等制度化設計給綁住，從而喪失了原有價值。[20]

這樣的哲學場，提供了一個發揮思辨效能的環境，也有助於形成長期討論的風氣與機制。[21]理想情況下，學生的思辨活動能夠在展覽、營隊與課程之後，進一步持續、積累與發展，而不僅是曇花一現而已。當然，由於種種因素，並非所有人都會積極地參與思辨，但至少哲學場展示了相對優質的思辨過程，可讓人意識到公共討論是可能的、有價值的、值得正面看待的。

---

[20] 我並非主張標準答案、固定進度與定期測驗等做法應該全盤摒棄，而只是說它們與哲學場的性質不太相應。在理論知識的傳授上，它們還是有一定的正面功能。至於哲學課程若成為必修，理論知識的傳授與思辨活動的實踐各應佔多少比例，又或者應視哪些具體情況而調整，還有很大的討論空間。

[21] 有人可能會說，類似哲學場的思辨活動，並非哲學所專屬，在其他學科那裡多少也能見到。的確，這類思辨環境不一定要冠以哲學之名，但相較於其他學科，哲學為百學之母，歷史最為悠久，可說是最早與思辨活動對應的學科；也有許多哲學家透過深入且細緻的思辨，為人類文明做出了重要貢獻。而隨著哲學普及的發展，現時的臺灣社會大眾，對哲學也往往有「思考」、「思辨」、「追求智慧」的第一印象。有鑑於此，以哲學做為思辨的代表，應是可行且利於理解的。

總而言之，我們不僅要注意思辨能力本身，更應打造一個有利於思辨活動的環境。當然，因應不同背景因素如時間長短、人員性質與先備知識的多寡等，哲學場可以有各式各樣的實踐型態，也還有許多發展與改進的空間等待我們去探索。高中必修課誠然是一種可能，但就算無法成真，也不妨礙我們在其他地方體現哲學場。

參考文獻

周詠盛（2019）。〈問題導向的教學嘗試：一段高中哲普的經驗與省思〉。中國哲學會編《中國哲學與哲學在台灣》。臺北：五南。

理查特（Ron Ritchhart）等著（2018）。伍晴文譯《讓思考變得可見》。新北：大家出版。

傅雅瑄（2016）。《高三學生對哲學教育認同性初探──以法國尚普高中及臺北市立成功高中爲例》。新北：天主教輔仁大學法國語文學系碩士論文。

鄭瑞洲、洪振方、黃台珠（2011）。〈情境興趣──制式與非正式課程科學學習的交會點〉。《科學教育月刊》第340期。

Should Philosophy Figure into the Required Courses in High School?

Yung-Sheng Chou

Doctor, Department of philosophy, National Taiwan University,Lecturer of philosophical education in high School, Cheng Fu-Tien Culture & Educational Foundation

Abstract

In recent years, because of the discussion of philosophical education, many people consider about the possibility of figure it into the required courses in high school. This could be divided into three parts: First, should philosophy figure into the "multiple electives"? Second, should philosophy figure into the required courses? Third, should philosophy figure into the course of college entrance exam? No matter what points do we have, we must emphasize the unique value of philosophy. Otherwise, we could combine philosophy into other courses, there is no need to increase students' burden.

Through this, I will point out, the practices of "philosophical field" may be the unique value. It is not only training critical thinking, but also build an environment that in favor of critical thinking. Students will experience and practice critical thinking here, form long-term interest, and use it on internet interaction. In the practice of critical thinking, these will be necessary: observation, description, question focus, free speaking, and group discussion.

As some people' worries, the system of required courses will threat the value of philosophical education, such as setting model answer, or following the standard schedule. So, my conclusion is, if we cannot implement "philosophical field", we should not claim that philosophy should figure into the required courses. It will be more appropriate for philosophy to stay in "multiple electives".

Keywords: Popular philosophy, Philosophical education, Speculation, Critical thinking, Multiple electives

中國哲學

正本清源：先秦儒家從「孝本論」到「仁本論」的轉向

曾振宇

閩南師範大學教授

摘　要

在孔子去世之後的儒家內部，圍繞仁與孝的關係形成了「孝本論」與「仁本論」的分野。《孝經》作者立足於爲天下立法的高度，將孝論證爲「天之經」、「地之義」和「民之行」，孝跨越父子血緣親情邊界，向陌生人社會無限擴張與蔓延，演變爲人與人、人與社會和人與自然的大經大法。在社會政治領域，孝被論證爲政治倫理，「以孝治天下」、「移孝作忠」觀念隨之而生。《孝經》作者的哲學努力和社會政治藍圖的設計，引起儒家內部的高度警惕。因爲建基於「孝本論」的政治理念，有可能導致儒家思想淪落成爲「家天下」專制主義辯護的意識形態。孟子「仁本論」的初步建構，是對《孝經》「孝本論」的批評與反撥。孟子從心性論高度證明仁內在於人性，是人之所以爲人的道德理性。仁是體，孝是用，在「親親」、「仁民」和「愛物」三境界中，孝只是仁本在家庭倫理的實現。在社會政治領域，「不忍人之心」是「不忍人之政」的道德基礎和文化精神。隨著孟子「仁本論」的建構，標誌著「孝本論」逐漸退居邊緣，淡出儒家主流思想的舞臺。漢唐以降，歷代大儒皆自覺尊奉「仁本論」，並從不同哲學層面加以論證。孟子「仁本論」的建構以及對《孝經》孝本論的批判，屬於儒家內部的一場自我拯救運動，避免了儒家有可能陷入爲古代帝制政治哲學辯護的泥淖。

關鍵字：孝本、仁本、《孝經》、孟子、反撥孔子去世之後，派系萌生，觀點歧異。具體圍繞仁與孝的關係，產生了尚「仁」與尚「孝」的思想分殊。《孝經》作者立足於爲天下立法的維度，將孝論證爲「天之經」、「地之義」和「民之行」。孝跨越父子血緣親情邊界，成爲人與人、人與社會、人與自然的精神本體。在社會政治領域，孝被論證爲政治倫理。「以孝治天下」、「移孝作忠」等觀念隨之而生。經過「齊魯間陋儒」增補與作僞的《孝經》「孝本論」，引起儒家高度警惕與不安。孟子「四端」、「四心」論的建構以及「仁本」論的初步建構，既是對《孝經》「孝本論」的批評與反撥，也是儒家內部的一場自我拯救運動。

壹、天經地義：《孝經》「孝本論」的理論建構

《孝經》文本存在一個值得學界深思的一個問題：無論是今文《孝經》，抑或古文《孝經》，始終沒有出現「仁」字。眾所周知，「仁」在《論語》出現109次、《孟子》145次、《荀子》115次、《左傳》33次、《國語》24次。在上世紀九十年代發現的郭店楚墓竹簡中，也辨認出「仁」字約出現70次。但是，「仁」作爲儒家思想的核心觀念，居然不見於《孝經》今古文。這一文化現象耐人尋味，其中必然隱藏著作者獨特的哲學思考與社會政治旨趣。「夫孝，德之本也，教之所由生也。」（《孝經・開宗明義章》）在孔孟思想體系中，仁是全德，位階高於其他德目。但是，在《孝經》思想體系中，孝已經取代仁，上升爲道德的本源。孝是「至德要道」（同上），鄭玄「注」點明：所謂「至德要道」就是「孝悌」。不僅如此，《孝經》一書最大的亮點在於：作者力圖從形上學的高度，將孝論證爲本體。「夫孝，天之經也，地之義也，民之行也。天地之經，而民是則之。」（《孝經・三才章》）「經」與「義」含義相

同，都是指天地自然恒常不變的法則、規律。《大戴禮記・曾子大孝》也有類似表述：「夫孝者，天下之大經也。」孝是天經地義，將「孝」論證爲宇宙精神本體，這是人類的人文表達，其實質是以德性指代本體。需要進一步追問的是：孝是「天之經」、「地之義」和「民之行」如何可能？如果作者不能從哲學上加以證明，這一結論的得出只不過是循環論證的獨斷論而已。令人遺憾的是，我們已看不到《孝經》作者對此如何進行論證，《孝經・聖治章》的兩段話或許與孝何以是「民之行」存在一些內在邏輯關聯：「父子之道，天性也。」「天地之性，人爲貴。人之行，莫大於孝。」將人置放於「天地萬物一體」思維框架中討論，這是儒家一以貫之的思維模式，從孔子到孟子、二程、朱熹、王陽明，概莫能外。從「天性」探討父子之道，意味著不再侷限於從道德視域論說道德，而是上升到哲學的高度論說道德。孝不再是道德論層面的觀念，而是倫理學層面的範疇，甚至已成爲宇宙論層面的精神本體。孔子說「仁者安仁」，以仁爲安，意味著以仁爲樂，情感的背後已隱伏人性的光芒。《孝經》作者也從人性論高度證明孝存在正當性，在邏輯上與孔子的思路有所相近。爲何「人之行，莫大於孝」？明代呂維祺對此有所詮釋：「天以生物覆幬爲常，故曰經也。地以承順利物爲宜，故曰義。得天之性爲慈愛，得地之性爲恭順，即此是孝，乃民之所當躬行者，故曰民之行。」（《孝經大全》卷七，第1430頁）天地自然之性與人之性同出一源，相互貫通。天的德性是「慈愛」，地的德性是「恭順」，天地之性統合起來在人性的實現，顯現爲「孝」。

既然孝已上升爲本體，並且昇華爲宇宙精神，義、禮、智、信、友、悌等成爲孝本體統攝之下的具體德目。《孝經・諸侯章》云：「在上不驕，高而不危；制節謹度，滿而不溢。高而不危，所以長守貴也。滿而不溢，所以長守富也。」諸侯所應恪守的孝德包括謙遜、節儉、守禮和誠信。卿大夫所應恪守的孝德爲「非先王之法服不敢服，非先王之法言不敢道，非先王之德行不敢行。」服裝、言語和行爲三方面所涉及的職業道德，都被看成是孝這一全德的分現。孔安國指出，「先王之德行」涵攝孝、悌、忠、信、仁、義、禮、典等八方面。孝是本體與全德這一思想，在《大戴禮記》「曾子十篇」也多有體現：「故居處不莊，非孝也；事君不忠，非孝也；蒞官不敬，非孝也；朋友不信，非孝也；戰陳無勇，非孝也。」（《大戴禮記．曾子大孝》）孝涵攝莊（恭）、忠、敬、信、勇五種德行，《大戴禮記》「曾子十篇」的孝論與《孝經》多有相互發明之處。追本溯源，這一道德文化現象或許可以追溯到商周時代。根據羅振玉《殷虛書契前編》記載，甲骨卜辭中已有「教」字，楊榮國進而認爲，殷族有「以孝爲教」的文化傳統。有的學者考證，西周時代孝觀念的內涵豐富，至少包含九個方面：敬養父母、祭享祖先、繼承先祖遺志、孝於宗室、孝於婚媾、孝於夫君、孝友合一、勤於政事、孝於大自然。（參見李裕民、王慎行）概而論之，西周時代的孝觀念不僅是家庭倫理，也是自然倫理，甚至是社會政治倫理。《詩經．大雅．卷阿》：「有孝有德，以引以翼。豈弟君子，四方爲則。」有孝德之人才能成爲天下楷模。孝並非僅僅適用於家庭親屬關係，實際上它的適用範圍非常廣闊。正如《孝經．感應章》所言：「孝悌之至，通於神明，光於四海，無所不通。《詩》云：『自西自東，自南自北，無思不服。』」兩相比較，《孝經》作者似乎是在「開歷史的倒車」，「返祖」與「復古」之風昭然若揭。需點明的是，《孝經》成書年代應該在孔子去世之後[1]。在孔子孝論中，孝主要是家庭

---

[1] 《孝經》的作者與成書時代，學術史上至少有八種觀點。司馬遷《史記．仲尼弟子列傳》說：「曾參，孔子以為能通孝道，故授之業，作《孝經》。」班固《漢書．藝文志》說：「《孝經》者，孔子為曾子陳孝道也。」根據《史記》與《漢書》觀點，《孝經》乃孔子所述，曾子記錄成書，劉向考證《孝經》書名乃曾子所記。《史記．魏世家》記載魏文侯拜子夏為師，著有《孝經

倫理，父慈子孝，「立愛自親始」。孝根本就不是全德，更不是仁的本體。「孝弟也者，其爲仁之本與」，代表的只是弟子有子的思想，更遑論在版本學上「仁」究竟是「仁」還是「人」尚有待討論[2]。因此，《孝經》作者曾子及其弟子並非單純發「思古之幽情」，更不是單純地「復古」，而是有自己獨特的哲學思考與人文訴求。換言之，《孝經》作者將仁邊緣化純屬「主觀故意」，目的在於從哲學高度建構孝本論。

既然孝已經被建構爲本體與宇宙精神，《孝經》作者的眞實意圖已是路人皆知：局囿於家庭倫理的層面談論孝道，本來就不是作者的目的。作者眞正的社會理想是立足於爲天下立法的高度，跨越家庭倫理的邊界，將孝觀念的外延無限膨脹與擴充，使之衍化爲涵蓋自然、社會與人倫的道德理性、價值本源與文化依託。具體而論，在社會政治領域，孝搖身一變成爲判別是非善惡的最高價值原則。明乎此，才能理解《孝經》作者爲何提出「以孝治天下」：「昔者明王之以孝治天下也，不敢遺小國之臣，而況於公、侯、伯、子、男乎？故得萬國之懽心，以事其先王。」無論是天子「治天下」，諸侯「治國」，抑或庶人「治家」，最高價值原則一律是孝。孔安國評論說：「上下行孝，愛敬交通，天下和平，人和神悅。」但是，通過剖析與梳理《孝經》的內在邏輯，我們不難發現《孝經》思想體系中隱藏著一個巨大的邏輯矛盾：孝，作為家庭倫理之一維，其存在的正

傳》一書。陳澧《東塾讀書記》考證《孟子》多處文句源自《孝經》，今已失傳的《孟子》「外書四篇」，其中一篇文章〈說孝經〉，當是對《孝經》的評論。《大戴禮記》「曾子十篇」諸多文句，與《孝經》相互發明。譬如，「身体髮膚，受之父母」一段文句，在〈曾子大孝〉、〈曾子本孝〉中多有論述。1973年，河北定縣40號漢墓出土了簡書《儒家者言》，其中有些文句與《孝經》有關。說明在漢代劉向整理校訂之前，存在一種未經劉向校訂的古本《孝經》。統而論之，至遲在孔子七十子時期，已出現《孝經》祖本。在戰國早中期流傳過程中，曾子弟子又有所蒐集與增補。

2　敦煌抄本帛2618號作「人」。程樹德《論語集釋》也認為當作「人」，云：「經傳中『仁』、『人』二字互用者多，『仁』特為『人』之借字，不止此一事也。」

當性基於血緣自然親情，其存在的合理邊際範圍在於家庭。有父子血緣親情，方有孝存在的正當性；顯發作用於家庭宗族邊際之內，孝才有存在的合理性。換言之，在血緣親情家庭中，孝才具有存在的合法性；孝一旦跨越父子血緣親情的邊界，向陌生人社會無限擴張與蔓延，甚至成爲人與人、人與社會、人與自然關係大經大法的觀念把握，一個哲學上與邏輯上的困難隨之而生：在陌生人社會，孝作爲本體如何可能？作爲對這一問題的回應，朱熹對《孝經》的評價值得回味。在朱子心目中，《孝經》本來就是教人知孝、行孝的童蒙讀物。但是，流傳於世的今古文《孝經》，都存在「齊魯間陋儒」增補甚至作僞之處。不僅如此，《孝經》在內容與價值觀上，存在著一些「不親切」和「害理」的成分。朱子的這一批評及其嚴厲峻刻，幾乎可以等同於評價荀子「大本已失」。朱子的批評具體可從兩方面解讀：

其一，孔子談孝，孟子論仁，都「較親切」。孔子認爲仁是本，孝是仁本之用，仁本首先彰顯於家庭倫理，孝就是仁本在父子倫理上的觀念把握。借用朱子的語錄，孝是仁本這一大江大河源頭流經的「第一個塘子」。「安仁」有別於「利仁」和「強仁」，以仁爲安，表明仁源自人性。既然如此，孝就屬於仁本自然而然生髮流行。孟子通過「孺子入井」論證「惻隱之心」這一道德情感人人皆先天完備，進而證明仁出自人性，人人先天「飽乎仁義」。未發爲人性，已發爲人情。「最親切，人心自是會如此，不是內交、要譽，方如此。」（黎靖德，第253-254頁）論證的思路與觀點，都奠基於人人內在固有的人性與人心。所以朱子認爲孔孟的話都非常「親切有味」，與之相對，《孝經》有些篇章論孝「不親切」，個中緣由在於從政治勢位論孝，而不是從人性與情感談孝德孝行。

其二，在儒家思想體系中，孝屬於私德，是人之所以爲人的本質所在。人有違於孝，就淪爲孟子所說的禽獸。換言之，孝具有恆常性、普世性特點。東西南北海，人同此心此理。但是，朱子指出，《孝經》對孝公共性、普世性特點有所破壞。「人之行，莫大於孝。孝莫大於嚴父，嚴父莫大於配天，則周公其人也。昔者，周公郊祀後稷以配天，宗祀文王於明堂，以配上帝。是以四海之內，各以其職來祭。夫聖人之德，又何以加於孝乎？」（《孝經・聖治章》）人分爲天子、諸侯、卿大夫、士和庶人五等，社會勢位和身分不同，孝德居然也有差異。《孝經》作者認爲，周公是普天下孝子的楷模。周公制禮作樂，制定了在明堂祭祀上帝時，以先父文王配祀上帝的制度。嚴父配天，是孝子行孝最高級的表現。庶人百姓只能「謹身節用，以養父母」。朱子批評說：「如下面說『孝莫大於嚴父，嚴父莫大於配天』，則豈不害理！儻如此，則須是如武王、周公方能盡孝道，尋常人都無分盡孝道也，豈不啟人僭亂之心！」（黎靖德，第2827頁）孝行有等級之分，爵位與身分不同，行孝的內容與標準也迥然有異。嚴父配天，是孝德最高境界，這一境界只有周天子才有資格實現，平民百姓只能望洋興嘆。原本作爲公共性、普世性的家庭倫理，已經演變爲等級之孝。在儒學史上，孔子孝道包括養親、敬親、諫親和愼終追遠四方面內涵，無論王公貴族，抑或販夫走卒，應遵循的孝德完全雷同。孝沒有等級之分，寒門照樣出孝子。周襄王雖貴爲天子，但在歷史上有不孝之子的惡名，原因在於只知道養親，卻沒有做到敬親，與「犬馬之孝」別無二致。對周襄王孝行的評價標準，與平民百姓同出一爐。由此可知，在孔孟思想中，孝順與否的評價標準，不會因社會勢位不同而有所差異。在孝德面前，人人平等。《孝經》作者等級之孝的論述，對儒家孝道是一種理論上與實踐上的雙重傷害。正因爲如此，朱子才會多次嚴厲批評《孝經》所言「害理」。

除了朱子對《孝經》「等級之孝」的批評之外，《孝經》文本中的另一個思想傾向，也是歷代大儒無法容忍：孝本論基礎上的「以孝治天下」、「忠孝合一」、「移孝作忠」理念，有可能成爲「家國同構」與「家天下」的理論依據，有可能成爲君主專制國家的主流意識形態。歷史上主流儒家對「家天下」的批判，典型表現於如何評價「湯武革命」？儒家與法家在這一問題的立場與觀點，可謂涇渭分明。法家韓非從君臣尊卑有序視閾立論，明確否定湯武革命的正當性。儒家一以貫之，異口同聲高度肯定、甚至稱頌這一通過暴力鬥爭手段實現政權轉移的路徑。《易傳》作者認爲「天地革而四時成，湯武革命，順乎天而應乎人。」順應天命與順應人心並提，但前者是鋪墊，後者才是本質。荀子進而提出「天下」無法通過暴力革命的方式奪取，因爲「天下」是天下人的天下，「天下」的本質內涵是民心。夏桀、商紂「暴國之君」已淪落爲「獨夫」，按照先秦時期「殺盜非殺人」的邏輯推演，獨夫民賊甚至連人都不是，只能說是「禽獸」。湯、武並非用武力奪取天下，而是「天下歸之」。「天下歸之之謂王，天下去之之謂亡。」（《荀子・正論》）在湯武革命的評價上，荀子思想充盈著自由思想的因素。「天下歸之」、「天下去之」，都是天下大眾自由意志的表達與實現。董仲舒接踵而起，從天論高度樹立一個政治哲學根本原則：「且天之生民，非爲王也；而天立王，以爲民也。」（《春秋繁露・堯舜不擅移、湯武不專殺》）政府是誰之政府？洛克指出，人類自願放棄其「自然法的執行權」，「授權」給社會，從而脫離「自然狀態」，進入有「國家的狀態」。（第54頁）盧梭進而認爲，人類爲建立一個平等、公正的社會與政府，自願放棄「自然的自由」。但是，「約定的自由」還存在，這一自由是對人類自願讓渡部分自由的補償。洛克、盧梭從「人生而自由」、「天賦人權」理論出發，旨在闡明國家和政權屬於人民。儒家從孔子「天下爲公」發端，經荀子「天爲民立君」、《呂氏春秋・貴公》「天下非一人之天下也，天下之天下也」，到董仲舒「天爲民立王」，再到東林黨人「以眾論定國是」，繼而延續至黃宗羲

「古者以天下爲主，君爲客」思想，在綿延數千年思想長河深度，隱伏著一個亙古不移的觀點：國家不是君王一家的私有物，權力應該順應人民意志。這已成爲儒家思想代代相傳的思想「道統」。緣此，我們終於明白，爲何「天下爲主君爲客」理念與《孝經》「忠孝合一」、「移孝作忠」、「以孝治天下」勢不兩立。

貳、「飽乎仁義」：孟子「仁本論」的建立

孔子「仁者安仁」在哲學史上具有空谷足音的創新意義。仁有「安仁」、「利仁」與「強仁」之分，「安仁」就是「樂仁」，以仁爲安，就是以仁爲樂。樂既指涉自然情感，也觸及普遍的人性。《史記・滑稽列傳》裴駰《集解》云：「安仁者，性善者也；利仁者，力行者也；強仁者，不得已者也。」（司馬遷，第3214頁）從人性論層面探討仁與人性內在關係，意味著不再是就道德論道德，而是從哲學高度論證作爲「類」的人，在人性層面的普遍本質。恰如牟宗三先生所言：孔子之「仁即是性，即是天道。」（第135頁）仁既然源自普遍人性，就具有共同性特點，共同性意味著平等。人性平等，在孔子思想中已有所萌芽。孟子繼而「十字打開」（陸象山語），從哲學、邏輯學、倫理學等多個維度建構仁本論。孟子對仁義與心性關係的證明方式有多種，運用最嫻熟的證明方式是韋政通先生所說的「證諸人類普遍情感經驗」，其中最典型的例子就是「孺子入井」：「今人乍見孺子將入於井，皆有怵惕、惻隱之心，非所以內交於孺子之父母也，非所以要譽於鄉黨朋友也，非惡其聲而然也。」「乍見」不是中性之見，而是王陽明所說的良知之見，是人先驗道德情感在不假思索狀態下的靈光閃現。「惻隱」基本含義是心痛，表達的是對他人的憐憫與關愛。惻隱不同於同情，同情能感受到他人的痛苦與不幸。惻

隱有所不一，即使對方深陷不幸卻有所不知不察，本人基於內在的道德良知仍然不由自主地泛起憐憫、驚悚之心。因循孟子思想的內在邏輯，我們在此不可說「乍見」孺子將入井，會「滋生」我內在的惻隱之心。在更確切的意義上，只能說「乍見」孺子入井，會「觸動」、「引發」我內在的惻隱之心。因爲見或不見孺子入井，惻隱之心本來就存在於我心。惻隱本質上是一種作爲「類」的人普遍具有的道德情感。惻隱是「已發」，在已發的情感背後，隱藏著一種主宰意義的人性力量，這一「未發」的道德理性就是「仁」。孟子通過「孺子入井」這一具體生活場景，借助歸納推理力圖證明一個觀點：惻隱之心與仁義禮智「四端」，人人先天具備，而且在世俗生活中人人可以得到證明。「惻隱之心，仁之端也，羞惡之心，義之端也；辭讓之心，禮之端也，是非之心，智之端也。」（《孟子・公孫醜章句上》）仁義禮智「四端」是人性中先天固有的「天爵」，猶如人一呱呱墜地就有四肢一樣。正因如此，孟子說人人先在性「飽乎仁義」。對於孟子的論證過程及其觀點，胡雲峰總結說：「稍涉安排商量，便非本心。」（王夫之，第943頁）王夫之借批判胡雲峰觀點進而對孟子思想有所質疑：「且如乍見孺子將入於井，便有怵惕惻隱之心，及到少間，聞知此孺子之父母卻與我有不共戴天之仇，則救之爲逆，不救爲順，即此豈不須商量？」（同上）王夫之的這一駁難，說明他對孟子思想有所誤解。如果因爲「不共戴天之仇」，經過反復「安排商量」，最後棄孺子於不顧，只能說明「四端」本心已經被後天功利性的訴求所遮蔽，並不能證明「四心」「四德」先在性不存在於人性。孟子通過「孺子入井」這一經驗世界中人人都有可能經歷的事例，旨在表明：在劈柴挑水、灑掃應對的日常生活中，「四心」「四德」是人眞實的擁有，「萬物皆備於我」。同時這一證明方式也是終極性證明，因爲無論聖凡賢愚，人人皆可自證於心。在孟子與告子關於「仁義內在」抑或「仁內義外」的辯論中，孟子所言「且謂長者義乎？長之者義乎」以及「夫物則亦有然者也，然則耆炙亦有外與」，在學術史上可謂醍醐灌頂之言。之後王陽明開導弟子徐愛：孝敬之心是在你的心上，還是在你父親身上？「仁也者，人也。」（《孟子・盡心章句下》）人是經驗世界中形而下的具體存在，有時間與空間的限定。仁是形而上的觀念性存有，超越時間而亙古存在。朱熹詮釋說：「仁者，人之所以爲人理也。然仁，理也；人，物也。以仁之理，合於人之身而言立，乃所謂道者也。」（第344頁）仁是絕對精神，人是有時空限定的有限的生命存在。人如果沒有仁性，就是一行屍走肉；仁如果沒有落實於人，只是一個純粹邏輯世界的觀念。仁與人的結合，是天道與人道的合一、靈魂與血肉之軀的合一，爲有限的生命實現無限的內在超越創立了哲學根據。孔子從來就沒有對「仁是什麼」作一邏輯界定，面對眾多弟子「問仁」，孔子都是從「爲仁之方」層面有針對性一一加以勸導與解蔽。孟子雖然說過「仁者愛人」，也只是從情感層面詮釋仁在人類普遍情感生活的具體實現。在孟子思想邏輯架構中，從義理之天而言謂之「理」（孟子「理義」之理），從天授而言謂之「仁」，從人得之而言謂之「性」。形而上的仁下貫至人性，才形成人之所以爲人的本質（「人之理」），孟子稱之爲「合而言之，道也」。（《孟子・盡心章句下》）基於此，我們才能眞正讀懂孟子人性思想中的「性善」：其一，在「人之性」層面，「大體」與「小體」、「天爵」與「人爵」同時存在於每個生命個體。「口之於味也，目之於色也，耳之於聲也，鼻之於臭也」同樣也是性。小體與人爵並非具有先在性的惡，不加以引導的欲望才會導向惡。但是，惡是否也具有一個形而上的本源？這一問題並不是孟子思想討論的重心。人心何以普遍有「四心」「四德」，才是孟子矻矻以求的哲學論證目標；其二，在「君子所性」視域，也就是本體層面和工夫論層面。人人在「應然」意義上，應當自覺以人性中固有的「四心」道德情感和「四德」道德理性作爲自己的本性。君子與小人的區別就在於「存心」不同，君子以仁義禮智「存心」，小人以食色欲求「存心」。「仁，人之安宅也；義，人之正路也。」（《孟子・離婁章句上》）自覺以仁義道德理性爲性，心才能有所安。君子與聖人不一，聖人是理想人格，「出乎其類，拔乎其萃」者才能成爲聖人。君子屬於現實人格，凡是服膺「禮義廉恥」價值觀之人都可以稱之爲君子。「盡其心者，知其性也。知其性，則知天矣。」（《孟子・盡心章句上》）君子人格充溢著自由意志精神，強調個體在主體自覺意義上作出道德選擇。因此，只有對孟子人性論中這雙重視域加以梳理，才能眞正理解孟子「道性善」的內在奧義。「仁之於父子也，義之於君臣也，禮之於賓主也，智之於賢者也。」（《孟子・盡心章句下》）仁既是性又是命，但是，君子在自由意志基礎上，從「實然」自然而然轉向「應然」，「立乎其大者」，將仁義禮智認可爲性，而不將其簡單認可爲命運。由此可見，仁的位格顯然高於禮、智、信三德，仁甚至已具有統攝其他三德地位，上升爲本體。仁地位的上升，在孟子政治哲學中體現尤其明顯。孟子在儒學史上首次提出「仁政」一詞，「堯舜之道，不以仁政，不能平治天下。」（《孟子・離婁章句上》）「仁政」與「王政」屬於邏輯上同一概念，在政治哲學上以「仁」作爲社會政治制度與政治行爲最高價值原則與最高道德依託。「誅一夫」、民有恆產、「耕者九一」、「省刑罰，薄稅斂」、「罪人不孥」、「七十者衣帛食肉，黎民不饑不寒」等等，都是仁政的具體措施。「以德行仁者王」，（《孟子・公孫醜章句上》）仁政的社會理想目標是「王道」，「王道」的文化精神與價值原則是仁，「王道」的人格化體現就是堯舜禹湯文王。

在仁本論初步建構的基礎上，孟子進而論述仁與孝的內在關係。「親親，仁也。」（《孟子・盡心章句上》）「仁之實，事親是也。」（《孟子・離婁章句上》）仁是體，孝是用。親親之愛，是仁體落實於人類道德情感的第一步。作為具有時空限定的人，子女得到的第一份愛來自父母；子女長大之後，也是首先將孝愛施與父母。在此基礎上，子女進而將愛積極向外擴展，「仁者以其所愛，及其所不愛。」（《孟子・盡心章句下》）「親親」、「仁民」、「愛物」，構成儒家仁愛三層次，或者可以說是儒家「愛有差等」三境界。「愛有差等」是在時間序列上立論，由近至遠。因為仁作為形而上的理念是沒有時間性的，但是，人作為「此在」卻是有時間性的存在，有時空限制性的人基於良知良能，在實踐理性上可以完全把仁的精神展現出來，仁本彰顯的第一個經驗世界場景就是父子親情。「蓋上世嘗有不葬其親者。其親死，則舉而委之於壑。」（《孟子・滕文公章句上》）當此人偶爾路過溝壑，親眼目睹拋屍荒野的父母遺體被狐狸啃食、蚊蠅叮咬時，「其顙有泚，睨而不視。」（同上）額頭上的冷汗不是顯示給他人看的，眼睛不敢正視也不是受到他人指責，而是內心愧疚、自責之情自然而然流露。之所以滋生愧疚與悔恨之情，是因為人天生存有不學而能、不慮而知的道德情感與道德理性。只有按照葬禮埋葬父母，「事死如事生」，慎終追遠，心才能有所安，情才能有所定。「孝子仁人之掩其親，亦必有道矣。」（同上）孟子所說的「道」，也就是基於仁本孝用意義上的人性而論。

由此我們發掘出了儒家仁愛思想的一條主線。自從孟子明確揭櫫「親親」、「仁民」和「愛物」三大層次與境界之後，歷代儒家將其奉為圭臬。孟子當年之所以大罵墨家「無父」是「禽獸」，不僅僅在於墨者錯誤地從仁本之外去尋找另外的本源，還在於墨家片面執守「愛無差等」，忽略工夫論和境界論層面的「愛有差等」，這種單向意義上的「兼愛」，有可能陷於宗教化的泥淖。也正是認識到墨家思想有可能導致的思想迷失，歷代儒家紛紛對墨家「兼愛」加以抨擊。程頤評論說：「及其既生也，幼而無不知愛其親，長而無不知敬其兄，而仁之用於是見乎外。……

能親親，豈不仁民？能仁民，豈不愛物？若以愛物之心推而親親，卻是墨子也。」（《河南程氏遺書》，第310頁）「從「愛物之心」推及「仁民」和「親親」，也就是從博愛總原則推演至工夫論和境界論，與儒家邏輯恰好相反。在程伊川看來，這種倒行逆施在理論上一大謬誤就在於忽略了世界首先是人的世界，而非物的世界。「人的世界」意味著人首先是情感的存在，情感透顯了人的生命本質和生命意義。之後王陽明進而批判墨家的「兼愛」是「無根」之愛：「仁是造化生生不息之理，雖彌漫周遍，無處不是，然其流行發生亦只有個漸，……有根方生，無根便死。」（第82-83頁）仁作爲絕對精神，在現實經驗世界「流行發生」，必然有一個「漸」，猶如參天大樹必然有根。由仁理到仁愛，首先「發端」於家庭父子親情。「父子兄弟之愛，便是人心生意發端處，如木之抽芽。自此而仁民而愛物，便是發幹生枝生葉。墨氏兼愛無差等，將自家父子兄弟與途人一般看，便自沒了發端處；不抽芽，便知得他無根，孝弟爲仁之本，卻是仁理從裡面發生出來。」（同上）墨家之兼愛，不僅缺乏形而上學層面的哲學論證，也缺乏對兼愛之理與道德情感關係的證明，墨家之愛是無情之愛，因此「沒了發端處」。墨家思想爲何在秦漢之後泯滅無聞，其中一個根本原因在於其思想體系既缺乏哲學論證，又忽略了對情感與心性的深刻認識。

與墨家適成一對比的是，學說體系化、形上本體下貫人情人性，是自孟子以降歷代儒家自覺的哲學使命。因循孟子思想的邏輯，無論是「親親」，抑或「仁民」、「愛物」，面對超越性、絕對性的仁本體，人類或許只有通過道德情感才能接近仁體，通過實踐理性力求證明仁體的存在。具體就「親親」而言，江右王門後學王塘南評論說：「聖學主於求仁，而仁體最難識。若未能識仁，自從孝弟實事上懇惻以盡其分，當其眞切孝弟時，此心油然藹然，不能自已，則仁體即此可默會矣。」（《明儒學案》，第487頁）一個人只有在眞眞切切的道德生活經驗中，才能領悟並證明仁體「確實存在」。「默會」意味著仁體不可簡單用概念界說，也不可單純用語言表述，有時只能借助直覺直接體認形而上本體的存在。這一生命的體驗，在程伊川與弟子討論何謂《大學》「至善」時，也有類似的表述：「『理義精微，不可得而名言也，姑以至善目之，默識可也。』（《河南程氏粹言》，第1208頁）「至善」作爲生命理想境界，也就是識「仁體」的境界。面對這一理想生命境界，有時只能「目之」與「默識」，而不可單純訴諸語言與邏輯。

隨著仁本論的初步建立，孟子爲孝存在的正當性設置了一個合理的區域：家庭倫理。跨越家庭倫理半步，孝就將走向自身的反面。基於此，與《孝經》作者截然不同的觀點在於：孟子澈底將孝剝離出政治倫理，君臣之間政治關係是「友」，君臣之間政治倫理是「禮義」。何謂「友」？「友也者，友其德也。」（《孟子・萬章章句下》）以德相交，以德相輔，志同道合方爲友。[3]「不挾長，不挾貴，不挾兄弟而友。」（《孟子・萬章章句下》）「三不」原則其實主要是爲君臣政治關係設立，而不是主要著眼於普通人之間的社會交往。「友」意味著平等與尊重，當然，此處蘊含的平等精神是指人格上的平等，而不是社會勢位上的均等。「君之視臣如手足，則臣視君如腹心。君之視臣如犬馬，則臣視君如國人。君之視臣如土芥，則臣視君如寇讎。」（《孟子・離婁章句下》）「臣視君」以「君視臣」爲前提，君仁則臣義。君不仁，臣可以在堅守「道義」前提下自由抉擇。平等與尊重，被論證爲君臣之間政治關係，這是儒家政治哲學的一大創舉，其間實際上蘊含些許自由意志與自由思想色彩。追

[3] 「友」觀念的內涵前後變化很大。「友」字在甲骨文已出現，童書業先生在《春秋左傳研究》一書中對金文作了深入研究，繼而指出「『朋友古義為族人。』在商周時期，「友」是同宗兄弟之間的道德原則。西周中晚期之後衝破血緣關係藩籬，演變為以德相交、志同道合者為友。

根究底，將君臣之間政治關係論證爲友，應該是子思的發明：「友，君臣之道也。」（劉釗，第208頁）孟子亦步亦趨，在子思思想基礎上，對「友」作了進一步的拓展。在《孟子》文本中，孟子借助兩個與子思有關的故事，對「友」的內涵與特點作深入的闡發：其一，魯繆公經常派遣使臣送鼎肉給子思，子思反而「不悅」，甚至將使臣驅趕出大門。其中緣由在於魯繆公不懂「養君子之道」，只是以「犬馬畜伋。」（《孟子・萬章章句下》）其二，魯繆公與子思討論「故千乘之國以友士」，子思再次「不悅」，並尖銳指出魯繆公所理解的「友士」之道，其實只不過是「事士」之道。「以位，則子君也，我臣也，何敢與君友也？以德，則子事我者也，奚可以與我友？」（同上）從社會政治勢位角度論，君王高於賢臣；從德行角度而言，賢臣高於君王。君與臣似乎永遠不可能在同一條水平線上，這就需要君王在政治關係的設計上尋求「不齊之齊」，這其中的「齊」就是道德人格意義上的「友」。恰如余英時先生所論：「君主對少數知識分子的前輩領袖是以師禮事之，其次平輩而聲譽卓著的以友處之。」（第136頁）以「師友」相待，才是儒家宣導的「友士」之道、「養君子之道」。由此引申出子思與孟子在君臣政治倫理上的新思想：禮義。「夫義，路也；禮，門也。惟君子能由是路，出入是門也。」（《孟子・萬章章句下》）以禮義樹立爲君臣之間煥然一新的政治倫理，意味著既是對《孝經》家天下視域下「孝」觀念的批判，也是對「忠孝合一」、「移孝作忠」意義上「忠」觀念的徹底否定。禮義作爲思孟學派發明創造的政治倫理思想，奠基於「友」這一政治關係基石之上，背後隱伏的文化精神是仁。換言之，禮義是仁本在社會政治關係領域的自我實現。齊宣王與孟子討論「貴戚之卿」與「異姓之卿」的區別，孟子指出「貴戚之卿」的政治責任在於「君有大過則諫，反覆之而不聽，則易位。」（同上）「異姓之卿」的職責在於「君有過則諫，反覆之而不聽，則去。」（同上）賢臣應當以「禮義」覺君行道，符合禮義（道義）則在廟堂之高「美政」；違逆道義則賢臣去位，在民間社會「美俗」，甚至也可以將怙惡不悛的君王「易位」。從孟子所表述的「易位」論，令人恍然大悟爲何孟子對通過暴力鬥爭手段實現政權轉移的方式大加讚賞。齊宣王問孟子：「臣弒其君可乎？」孟子義正辭嚴地回答：「賊仁者謂之賊，賊義者謂之殘。殘賊之人，謂之一夫。聞誅一夫紂矣，未聞弒君也。」（《孟子‧梁惠王章句下》）商紂王暴虐無道，在君位層面已喪失作爲君王的資格；在政治操守上，殘賊仁義，已淪落爲禽獸不如的敗類。因此，湯武革命並沒有「弒其君」，只不過是順應民心「誅一夫」而已。

緣此，何爲「忠臣」？何爲「良臣」？子思與孟子的界說與《孝經》作者截然不同：「魯穆公問於子思曰：『何如可謂忠臣？』子思曰：『恒稱其君之惡者，可謂忠臣矣。』」（劉釗，第177頁）那些「爲君辟土地，充府庫」、「約與國，戰必克」《孟子‧告子章句下》的臣子，其實不是「忠臣」，只是「民賊」而已。因爲這些臣子唯君王意志是從，罔顧道義原則。實現君王一人私利，是這些臣子最高價值追求。儒家從來就沒有否定對利的追求，但對「利」有獨特的界定：「利，利於民則可謂利，利於身、利於國皆非利也」（張載，第375頁）「利於民」與「利於國」、「利於身」相對，「利於民」才是眞正的「利」。立場不同，導致價値觀有雲泥之別。堅守「禮義」原則，發君之惡，覺君行道，才是眞正「良臣」、「忠臣」。

參、結語

先秦時期儒家陣營內部發生的「孝本論」與「仁本論」的分歧，在某種意義上，可以被視爲「儒家向何處去」的道路抉擇。孟子仁本論的初步建構，標誌著以「孝君」爲核心的孝本論逐漸退居邊緣，淡出儒家主流思想的舞臺。孟子所建構的仁本論，逐漸成爲歷代儒家所信奉的圭臬，並在理論體系上不斷被完善。北宋程明道最早提出「仁體」觀念，「學者識得仁體，實有諸己，只要義理栽培。如求經義，皆是栽培之意。」（《宋元學案》，第561頁）程明道的「仁體」，應從兩方面識讀：在認識論上，借助「萬物之始，氣化而已」（《河南程氏粹言》卷二，第1263頁）的氣論，天地萬物由氣所化生，實現了天地萬物的渾然一體。這種天地萬物渾然一體的人文表達就是「仁體」，這種仁體之「實」，通過「天地生物之心」得以外顯；在工夫論和境界論層面，通過後天的「栽培」，仁體可以貫通、內化爲人的本質，成爲人人有可能眞實擁有的生命之「實」。這一仁體，也就是錢穆先生所說的「大生命」。在學術史上，朱子、張南軒和呂東萊圍繞「仁體」曾經有過辯論，在「爲仁」與「識仁」關係上觀點不一。但是，在分歧的背後，存在著觀點與立場的趨同：一致承認「仁體」的存在，都認同通過後天「栽培」可以眞實擁有「仁體」。明代王陽明「仁體」、「一體之仁」，是陽明學的「主要精神」（嵇文甫語），是「仁體」說在程明道之後臻至的又一大思想高峰。在工夫論上，人通過事事「磨刮」，可以恢復心之本體。不僅如此，王陽明進而基於萬物一體之仁觀念，在社會政治中將仁體落實爲一體之仁政。隨著儒家思想「階梯式」演進，「仁本」論逐漸成爲儒家思想代代相續的主流思想，孝本論從漢唐已降銷聲匿跡。從兩千多年儒學史演變軌跡而論，孟子仁本論的挺立，屬於儒家內部的一場自我拯救運動，將《孝經》作者誤入歧途的思想加以批判與反撥，從而避免儒家淪落爲古代帝制意識形態的危險。

參考文獻

曾振宇（2012）。《孟子新注》。人民出版社。

王先謙（2012）。《荀子集解》。中華書局。

曾振宇（2010）。《春秋繁露新注》。商務印書館。

曾振宇（2018）。《孝經今注今譯》。人民出版社。

呂維祺（2011）。《孝經文獻集成》。廣陵書社。

李裕民（1974）。〈殷周金文中的「孝」和孔丘「孝道」的反動本質〉，載《考古學報》第2期。

王愼行（1989）。〈試論西周孝道觀的形成及其特點〉，載《社會科學戰線》第1期。

黎靖德（2002）。《朱子全書》。上海古籍出版社、安徽教育出版社。

洛克（2016）。《政府論》。商務印書館。

司馬遷（1959）。《史記》。中華書局。

牟宗三（2010）。《名家與荀子》。吉林出版集團有限責任公司。

王夫之（1996）。《讀四書大全說》。《船山全書》。嶽麓書社。

朱熹（2011）。《四書章句集注・孟子集注》。中華書局。

程顥、程頤著，王孝魚點校（2004）。《河南程氏粹言》、《河南程氏遺書》。《二程集》。中華書局。

王陽明（2001）。《傳習錄》。鳳凰出版社。

黃宗羲（2008）。《明儒學案》。中華書局。

黃宗羲（1986）。《宋元學案》。中華書局。

劉釗（2005）。《郭店楚簡校釋》。福建人民出版社。

余英時（2004）。《中國知識人之史的考察》。廣西師範大學出版社。

張載（1978）。《張載集》。中華書局。

Radically Reformatory:The Turn of Confucianism in Pre-Qin——From "the Theory of X*iao* as the Foundation" to "the Theory of *Ren* as the Foundation"

Zeng, Zhen Yu

Minnan Normal University

Professor

Abstract

Due to the relationship between *ren*仁（benevolence） and *xiao*孝（filial piety）, the distinction between "the theory of *xiao* as the foundation" and "the theory of *ren* as the foundation" were formed after Confucius' death within Confucianism.The author of *Xiao Jing* demonstrates *xiao* as "the law of heaven" "the righteousness of earth" and "the way of the people" based on legislation for the world. *Xiao* crosses the bounder of the blood relationship between father and son, expands and spreads infinitely to the stranger society,which has evolves into the law of man and man, man and society and man and nature. In the field of social politics, *xiao* has been demonstrated as political ethics, and the concepts of "governing the world with *xiao*" and "transferring *xiao* to *zhong*忠（loyalty）" has followed. The author's philosophical efforts and his design of social and political blueprints in *Xiao Jing* have aroused great vigilance within Confucianism. Because the political idea based on the political concept of "the theory of *xiao* as the foundation", it may lead to the fall of Confucianism into the ideology of the "Jia Tian Xia" authoritarianism defense.The preliminary construction of Mencius' theory of *ren* is a criticism and reversal of the theory of *xiao* in *Xiao Jing*. Mencius proves that *ren* is inherent in human nature from the point of view of human nature, which is the moral reason why human beings are human beings. *Ren* is fundamental and *xiao* is external. In the three realms of "kinship", "benevolence for the people" and "love for things", filial piety is only the realization of family ethics. In the field of social politics, "intolerance" is the moral basis and cultural spirit of "intolerance politics". With the construction of Mencius' theory, it marks that the theory of *xiao* gradually retreated to the edge and was no longer the mainstream of Confucianism. After the Han and Tang Dynasties, all Confucian scholars consciously respected the theory of *ren* and demonstrated it from different philosophical levels. The construction of Mencius' theory of *ren* and his criticism of the theory of *xiao* in *Xiao Jing* belong to a self-salvation movement within Confucianism, which avoids the possibility that Confucianism might fall into the muddy defense of the ancient imperial political philosophy.

Keywords: the theory of *xiao* as the foundation, the theory of *ren* as the foundation, X*iao Jing*, Mencius, reversal

以「氣」聽之：論《莊子·內篇》不理想他者的關懷向度

李姍

國立臺灣大學哲學系博士生

摘要

學界對於《莊子》哲學的「理想人格」已有豐碩的研究成果，但對於「不理想人格」甚少給予關注。筆者認爲以「不理想他者」[1]作爲概念，以此概念作爲視域來探討《莊子・內篇》關於「內在性」的哲學意涵，可透顯《莊子》哲學之倫理思維。此倫理思維與西方關懷倫理學互有可溝通處，以關懷倫理學之思維方法對《莊子》文本予以分析，更能析出《莊子》哲學中的「關懷」向度。以「不理想他者」的概念，檢視文本描述之主體內在狀態，顯示《莊子》哲學對於「內在性」有特定的關注與思考，由此導出《莊子》倫理思維之脈絡。本文的研究目的，希望找出《莊子》倫理學新的研究面向，透過關懷倫理學之思維，並試圖回答「規範」與「關懷」的倫理張力。而《莊子》哲學對內在狀態（也就是「內在性」）特殊的倫理思考，能使「規範」與「關懷」兩種特質同時彰顯，使《莊子》倫理學有更清晰之理論圖像。

《莊子》哲學深具關懷特質，透過對話與引導，通常讓「不理想他者」與「理想人格」內在狀態產生變化，使雙方的倫理關係進一步變得理想。《莊子・內篇》對「內在性」的討論，透過「氣」、「虛」等概念顯示「差異性」與「多樣性」；但以「氣」的特質來看，顯示情感與共在條

---

[1] 關於「不理想他者」的概念，筆者是以「主體」與「他者」的方式來探討《莊子》的倫理困境；而「不理想」的意義是相對於「有德者」而來。這種「主客二分」的思維方式能呈顯其中的倫理問題，亦能釐清如何達到「理想」的作法，但此非《莊子》哲學的理論目的。「有德者」在《莊子》中已有明確內涵，亦受到諸多讚賞；然而那些德性不完美者，其實不能用對比於有德者的方式來理解、來評價，如此並不能真正協助其轉化，甚至是另一種「以己度人」的危機。故而「不理想他者」為廣義稱呼，如〈人間世〉中的衛君、顏回等，甚至是你我，都可以是指涉對象。後文將對此概念進行更多說明，在此將不贅述。感謝審查人提供之意見。

件具有「共通性」。「氣」使得情感問題與我們所處的共在場域可以得到開顯；而氣作為道家哲學宇宙論的基本預設，也能使「關懷」具有情感基礎。「氣」不僅有存有學意義、也能有倫理學意涵，本文將說明氣的「關懷」特質，透過氣能契近不理想他者的內在狀態，對內在狀態得以理解與分析，能使得情感達到有效的轉化與行為的引導。「氣」能揭示深層的物我「關係性」，關係性是《莊子》與關懷倫理學重要的倫理議題，氣也能展現各種差異者所需的不同倫理關懷，凸顯規範倫理學的理論缺失。

關鍵字：莊子、道家倫理學、關懷倫理學、氣、他者

壹、《莊子》哲學的倫理思維與關懷意義

一、《莊子》哲學的倫理根源：差異性

《莊子》如何思考「我」與「他者」的關係？莊子認爲每個人或物都有需要被保存的「才」，[2]「才」是各物之所以成爲自身的條件，也就是「主體性」。[3]由此主體性顯示出各物具有「差異性」，「差異性」是《莊子》倫理學的核心關懷。不同的「才」顯現出差異，此差異將涉及倫理關係的合宜性，合宜性展現在不損及一方之「才」以達到理想的倫理互動。認識「他者」是必要的倫理手段，認識涉及主體能力、社會角色、情感觀點等等，在認識的過程中，我與他者若處在絕對的主客二分狀態下，將面臨「他心問題」的困境。故而須以「氣」的思維來理解人我關係、以及如何通達他者之內在狀態。故而合宜之倫理關係須關注他者情感，並對其情感需求施予相應之行爲，但此過程中主體的情感也需被關照，兩者的關係應是對等的。故而《莊子》如何理解「關係」是重要的，在保全雙方的「才」與情感的狀態下，該如何進行互動？

從〈齊物論〉所談「正處、正味、正色」[4]可見，莊子對於差異予以

---

2 〈德充符〉稱「才全而德不形者」為有德者，「才」之意義在《說文》中指「艸木之初也」，代表個體未受後天培養的原初狀態，對莊子而言是為重要且值得保護的特質。

3 關於莊學如何理解「主體」的概念，需有相當細緻的文本分析、概念耙梳，已非本文篇幅可以處理。以目前筆者之研究成果，認為「氣」在當時已是通用概念，如孟子所言之「浩然之氣」，萬物皆在氣化之中變化、生發，是否有西方所言不變之「主體」，應有所存疑。筆者認為《莊子》中有類似「主體」的概念，但此主體並非不可變，與他者的界線也是模糊不清的，雖兩者之內涵不同，為求討論方便，仍以「主體」稱之。感謝審查人提供之意見。

4 〈齊物論〉：「庸詎知吾所謂知之非不知邪？庸詎知吾所謂不知之非知邪？且吾嘗試問乎女：民溼寢則腰疾偏死，鰌然乎哉？木處則惴慄恂懼，猨猴然乎哉？三者孰知正處？民食芻豢，麋鹿食薦，蝍且甘帶，鴟鴉耆鼠，四者孰知正味？猨，猵狙以為雌，麋與鹿交，鰌與魚游。毛嬙、麗姬，人之所美也，魚見之深入，鳥見之高飛，麋鹿見之決驟。四者孰知天下之正色哉」。

脈絡性地理解，並且有情感上的尊重，強調對「異」的包容在《莊子》中是重要的；但也有「天地與我並生，而萬物與我爲一」、[5]「天地，一指也；萬物，一馬也」[6]的陳述，似乎在其理論目的上，是要歸於「同」的境界，由此方面展現《莊子》對「同」的追求。從平面地理解「差異」，到體認相對性中的「異同」，此二者應同時納入《莊子》倫理思維的探究上。筆者認爲可將差異分爲「不需轉化」及「需要轉化」，前者如同牛馬四足、形殘之人等，無關乎價值上的對錯，是天所給予的，這些是我們必須要接受的；後者如衛君的殘暴、仲尼的天刑等，是莊子認爲不甚理想者，需要予以轉化。需要保全的「異」是屬於「不需轉化」的範疇；而「同」的面向，則是「需要轉化」的部分，該部分有待於有德者的引導。

從認識論的邏輯來說，因爲差異才能看到彼此的共同之處；在倫理學的角度，通過差異的個體，才能找出彼此的相似之處，也由於「人同此心，心同此理」的情感預設，故而他心問題可以通過「移情」作用得到緩解。[7]在此脈絡下，莊子通過觀察現象中的差異，接著指出思維、觀點上的個殊性，欲達到思維的轉化、跨越倫理困境的歧異性，走向沒有任一他者被排斥的「齊物」倫理理想。筆者認爲，思維上的主客二分僅是莊子倫理學說的「方法」，思維、境界的主客合一[8]才是理論「目的」，故而如何達到主客合一的「方法」是本文的主要關注。從「他者」作爲思考視

---

5 〈齊物論〉：「天下莫大於秋豪之末，而大山為小；莫壽乎殤子，而彭祖為夭。天地與我並生，而萬物與我為一」。

6 〈齊物論〉：「以指喻指之非指，不若以非指喻指之非指也；以馬喻馬之非馬，不若以非馬喻馬之非馬也。天地，一指也；萬物，一馬也」。

7 本文未對「Sympathy」與「empathy」的區分做出說明，本文使用「移情」一詞是指「empathy」。

8 筆者此處所說的「齊物」、「主客合一」並非指向消弭差異、通往存有層面的同一。而是以「關懷」為視角，從倫理層面中無任一他者被排斥，也就是包容各種生命特質，使差異能夠和諧、共榮的狀態。為避免誤解，在此特別說明。

角，探討主體與他者間的不一致性，主體首先需要理解他者的內在狀態，才能給予合宜的倫理回應。「我」與「他者」在現象上是絕對的二分，且各自有需要保全的「才」，但在倫理層面上，卻要跨越差異達到某種「同」。對莊子而言，倫理層面上的「同」，是人與人之間的情感基礎，以及我們所處世界的共同預設。意識到我與他者之「同」，才能進入《莊子》倫理學的理想進程之中。

二、「不理想他者」的內涵

本文稱「不理想他者」，意義在於探討「我」如何得知「他者」內在心靈的可能性以及方法，而「不理想」的說法在於弱化道德上的譴責，採取同情、關懷的角度去理解非有德者。[9]本文預設《莊子》哲學有德性完滿者存在，稱爲「有德者」，有德者在倫理關係中，扮演引導與轉化非理想者的角色。不理想他者的意義在於，讓這些非有德者從激烈的道德批判中脫出，以關懷倫理學之視角，探討莊子給予的倫理指引，在文本陳述裡，歸納出《莊子》倫理學的核心價值與關懷意涵，一方面指出轉化不理想他者「惡性」的方法論；另方面建構《莊子》倫理學中的關懷向度。

倫理學關注「道德」的價值及其實踐，將引出兩個思考面向：其一爲道德的「內涵」爲何？道德的價值是否是「內在的」？意即「道德」的價值無需靠他物來證成，它的存在本身就具有價值；其二爲如何實踐道德的行爲？意即怎麼樣的行爲是符合道德的，牽涉到「是否符合道德」的判斷。倫理學通常對「規範」有較爲嚴格的定義，對於「道德」也有清楚的

---

[9] 從《莊子》文本來看，多數以「對話」的方式記錄有德者對非有德者進行轉化，雙方在進行對話的同時，即產生倫理互動與轉化歷程，這種方式可理解為「教育」，但筆者更傾向認為是關懷的一種方式。並非特定的表現方式才有關懷的意義，筆者認為，對不理想者起到轉化的效果，即可視為「關懷」。感謝審查人提供之意見。

內涵，故而能以一套普遍化規則來衡量道德價值與行爲，亦能給出「應該」、「應當」的道德行爲指導。但對於不理想他者來說，如此強烈的道德判准顯然是刺眼的，在心生排拒的情況下，如何能起到行爲的引導、內在的轉化？規範性的倫理要求在此是失能的狀態。

關懷倫理學觀察到規範倫理學的缺失，關懷倫理學對「規範性」採取迥異的態度，不以一套普遍的規範原則來衡量道德與否，而重新審視不同關係下所蘊含的不同倫理要求；在各異的倫理需求中，重新定義何謂道德的行爲與道德的判准。關懷倫理學也納入女性的工作、生活等經驗，強調女性的思維特質，相對於男性思維的規範倫理學而來，對倫理學的探討開展出截然不同的面向。[10]《莊子・人間世》的故事，能延續關懷倫理學對規範倫理學的批評，透過文本分析，能彰顯《莊子》哲學對規範倫理的批判與反思，在此意義上，《莊子》哲學與關懷倫理學對普遍化規範同樣採取批判態度。故事從「顏回見仲尼請行」開始，顏回向仲尼辭行，欲前往衛國輔佐衛君，由於衛君是名符其實的暴君，若能糾正衛君，便能拯救衛國百姓於水火，但仲尼卻對顏回的決定深感憂慮。

從儒家角度來看，子曰：「夫仁者，己欲立而立人，己欲達而達人。能近取譬，可謂仁之方也已」，[11]仁者的行爲展現在幫助別人達成其目的，也就是仁者的社會角色是協助他人也成爲有道德之人，並且不會以一己之私去左右此信念的推行，對待他人也以己身所欲[12]的方式去給予、協同。在道德的發展模型中，這樣的人格特質是屬於成熟的道德發展模式，

---

10 參照弗吉尼亞・赫爾德（2014）。《關懷倫理學》。北京：商務印書館。頁93-106。

11 《論語・雍也》。

12 孔子在《論語・衛靈公》中說到「其恕乎！己所不欲，勿施於人」，筆者認為這樣的倫理關係存在著以己度人的危險性，應該嘗試以他者的立場思考倫理需求。

可以用抽象且普遍化的方式面對道德情境並且做出理想的道德判斷。[13]顏回欲拯救衛國的心，與上述的道德模型幾乎一致，但莊子藉仲尼之口道出他的憂慮，且後果可能危及生命，更是莊子所在乎的。在以下的引文中，筆者欲歸納出不理想他者的狀態，以及探析莊子對倫理關懷的內涵。仲尼對顏回詳述衛君不理想的狀態，以及顏回可能激怒衛君的原因，茲引原文如下：

仲尼曰：「譆！若殆往而刑耳！夫道不欲雜，雜則多，多則擾，擾則憂，憂而不救。古之至人，先存諸己而後存諸人。所存於己者未定，何暇至於暴人之所行！且若亦知夫德之所蕩而知之所爲出乎哉？德蕩乎名，知出乎爭。名也者，相軋也；知也者，爭之器也。二者凶器，非所以盡行也。且德厚信矼，未達人氣，名聞不爭，未達人心。而彊以仁義繩墨之言術暴人之前者，是以人惡有其美也，命之曰菑人。菑人者，人必反菑之，若殆爲人菑夫！且苟爲悅賢而惡不肖，惡用而求有以異？若唯无詔，王公必將乘人而鬬其捷。而目將熒之，而色將平之，口將營之，容將形之，心且成之。是以火救火，以水救水，名之曰益多，順始无窮。若殆以不信厚言，必死於暴人之前矣……。」[14]

本段引文可分三部分來看，其一爲敘述衛君的不理想狀態；其二爲探討顏回說服技巧爲何拙劣；其三爲探討莊子在此關注的倫理問題。其一，衛君在文中顯示爲十足頑劣的暴君，對於仁義道德有所認識，卻有意地拒斥，甚至與德性美好之人爭辯，利用他的權勢迫使他人就範。由此來看，衛君

13 林遠澤（2017）。《儒家後習俗責任倫理學的理念》。台北：聯經。頁24-34。

14 〈人間世〉。

問題的癥結，在於他不願意改變，意願與情感的意向有關。在認知上可分辨對錯，卻選擇從事錯誤的行爲，甚至刻意誤導說服者，是有意識地犯錯。衛君的行爲顯示他爲極度不理想者，問題的根源在於情感上不願意接受改變，這也就是顏回的技巧無法說服他的原因。

其二將探討顏回的內在狀態及其行爲，透過仲尼的觀察，顏回的狀態幾乎是以「仁義」作爲其標誌，「道德」如同裝飾品戴在身上，顯示顏回對自身的道德具有崇高的意識，且顏回企圖影響別人，讓他人也成爲有道德的人。這種企圖也顯露在其情緒與行爲上，仲尼提出「名」與「知」是使人陷入互相爭奪、傾軋的兩種兇器，顏回也已是其中一分子。從「古之至人，先存諸己而後存諸人。所存於己者未定，何暇至於暴人之所行」來看，有德者必須先安頓自己的德性，才能拯救他人，若己身已陷入不安的狀態，如何能在殘暴之人面前立足？[15]顏回汲汲於糾正衛君，內在狀態已是徬徨不安，在此情況下，所選擇的方法亦是一己之私的強加，在此過程中，嚴重忽略被轉化對象的內在情感。「德蕩乎名，知出乎爭」清楚指出名實關係的弔詭性，尤其是「德性」之「名」更是如此，「德」的內涵一旦被清楚定義，眾人將會追求德之名而喪失德的實；[16]而「智巧」（知）的顯露是由於爭奪善的美名，如同暴君會因爲欲博得善名而稍加掩飾自己，「知」是爭奪的工具。[17]顏回會因爲「名」、「知」二者，迷失在暴君面前，其內在狀態與行爲都無法表現得當。

綜合上述兩者，進入其三，當莊子面對不理想他者，他所關注的應

---

15 參照郭慶藩（清）。《莊子集釋》（台北：華正書局，2004）。頁134-135。

16 關於《莊子》中的名實關係不一致的現象，請參照D'Ambrosio, Paul; Kantor, Hans-Rudolf; Moeller, Hans-Georg. (2018). Incongruent Names: A Theme in the History of Chinese Philosophy. Dao, 2018, Vol.17(3), pp.305-330.

17 同註11。

爲：如何認識不理想他者的內在狀態，通過知曉他的情感意向，進而找出可以將其轉化的方法。從認識、行爲到轉化，此過程並非由單一方主導，而是主體與他者共同參與、互相給予暗示，在互動過程中得出彼此認爲合宜的相處之道。文中所言「且德厚信矼，未達人氣，名聞不爭，未達人心。而彊以仁義繩墨之言術暴人之前者，是以人惡有其美也」，從名實的觀點來看，名具有規範性與界定性，但名對於社會風氣已不再有矯正意義，名對於人來說形成陌異性，名變成阻礙人性發展、人際交流的障礙，對倫理關係造成傷害。如同過於厚實的德性、堅實的信條以及不爭的美名等，如同一面道德的高牆使人望之卻步，必然造成「未達人氣、未達人心」的局面。[18]這樣的人格形象，是道德信條的具象化，應該具有楷模意義，卻使人感到刺眼，對倫理困境的解決毫無助益。

「未達人氣、未達人心」暗示了倫理困境的解決之道，在於雙方情感上的「共感」。「達」字的意義可進一步理解爲進行關懷，此關懷需要找尋可切入的根源性，筆者認爲「氣」概念可進一步詮釋並且發展方法論。「氣」是中國哲學特有的概念，尤其在道家哲學的宇宙觀中佔有重要的理論意義，《莊子・內篇》「氣」字出現在13個段落，並非頻繁。但筆者認爲「氣」的思考可進一步發展其倫理意涵，由此能顯示《莊子》哲學的思維特色。筆者認爲氣的詮釋有助於解決「不理想他者」倫理困境，故而將「氣」概念形成問題意識作出分析與討論。

三、「不理想他者」的關懷意義

顏回認爲用「內直而外曲，成而上比」的方式能夠說服衛君，但仲尼認爲他仍是「師心」的狀態，師心的狀態已預設對衛君進行言教，而非將

---

18 參照錢穆（2011）。《莊子纂箋》。台北：東大。頁29。

是非毀譽淡泊看待。[19]顏回認爲自己已無計可施，仲尼建議他「心齋」，心齋並非祭祀之齋，而是主體內在狀態滌除的過程。關於「心齋」段落的引文如下：

> 仲尼曰：「若一志，无聽之以耳而聽之以心，无聽之以心而聽之以氣。聽止於耳，心止於符。氣也者，虛而待物者也。唯道集虛。虛者，心齋也。」顏回曰：「回之未始得使，實自回也；得使之也，未始有回也。可謂虛乎？」夫子曰：「盡矣。吾語若！若能入遊其樊而无感其名，入則鳴，不入則止。无門无毒，一宅而寓於不得已，則幾矣……瞻彼闋者，虛室生白，吉祥止止。夫且不止，是之謂坐馳。夫徇耳目內通而外於心知，鬼神將來舍，而況人乎！是萬物之化也，禹舜之所紐也，伏戲几蘧之所行終，而況散焉者乎！」[20]

仲尼對顏回的建議，可以看作是：心齋過後的顏回，能更理想地面對衛君，此時衛君變成有待醫治的對象，仲尼要顏回設法了解他的病因，而仲尼對顏回第一個建議是「心齋」，心齋後才能診斷衛君。由此來看，衛君可視爲「被關懷」的對象，在他的偏差行爲中，找到轉化的方法；顏回身爲「關懷的給予者」，起初他還不具備好的給予者特質，心齋後可以擁有該特質。在此故事中，起出顏回同衛君一樣，亦是不理想者，但其角色在故事中作爲被引導者，是有機會可以變成有德者的。

從文中的敘述「若一志，无聽之以耳而聽之以心，无聽之以心而聽之以氣。聽止於耳，心止於符。氣也者，虛而待物者也。唯道集虛。虛

19 參照郭慶藩（清）。《莊子集釋》（台北：華正書局，2004）。頁145。

20 〈人間世〉。

者，心齋也」透顯三項重要訊息：其一，心齋的過程需要止息感官功能，達到以「氣」溝通的狀態；其二，「氣」的特質使其能溝通人我、流通感官；其三，「虛」的描述既可看作空間、也可做境界來解釋，是心齋工夫的目的。此三項訊息皆與倫理目的有關，其討論的對象爲不理想他者（衛君），故而筆者認爲可進一步詮釋爲具有關懷向度的倫理意涵，以下詳述之。

其一，感官功能的止息，首先需注意的是感官與經驗的連結關係，在止息感官功能的過程中，對於過往經驗的聯想也一併拋除，使意識回歸「自我」，主體對於自身意識的掌握能進一步意識到身體性，使感官功能不互相干擾、引起錯誤認知，使智性活動逐漸止息，專注於自身身體活動的延展與穿透。[21]此過程的延展與穿透，必須透過氣來完成，氣並非某種神秘經驗，而是個體間共感的基礎、共在的結構，對筆者而言，可以理解爲一種「思維的預設與方法」。

其二所強調如同上述，「氣」具有很強的穿透性、溝通性，且無所不在，也就是「通天下一氣耳」。[22]在《莊子》中，氣之聚散可形成萬物、變化、死生，現象界中多元樣貌的呈現皆可以氣來解釋；氣同時也是共同而一致的存在基礎，也就是「一」，[23]氣的內涵可分「陰陽」，或將氣視爲「道」的組成或是道的一貌等等。[24]氣可同時成爲萬物構成的基礎與情

---

21 何乏筆（編）（2017）。《若莊子說法語》。台北市：臺大人文社高研院東亞儒學研究中心。頁62-70。

22 〈知北遊〉。

23 參照林明照（2013）。〈無我而無物非我：呂惠卿《莊子義》中的無我論〉，《中國學術年刊》，第35期（秋季號）：15-19。

24 「氣」有諸多的內涵，不同文本脈絡有相異的內涵。總的來說，筆者認為氣的內涵不應以「形而下」的意義來看，而是將其視為一種屬性。這種屬性是共感基礎，也是修養層面需要打開的向度，如有德者對他者情緒的意識較為敏銳，此為一例。由於「氣」是遍在的，且能平等地布及各

感傳遞的介質，而氣的模糊特質在穿透的過程一方面透顯虛構性；另一方透顯創造性。由於模糊的緣故，能以不設限的方式面對他者，也就是能以「去主觀」的方式進入倫理關係。虛構性展現在《莊子》敘述想像力的飛昇、超拔；而創造性展現出「不設限」的特性，對於他者的認識從解構、去主觀、悖論式地方式進入倫理關係，進一步產生相互的轉化，同時也展現生命力的鼓動、創發。由以上二特質來看，《莊子》哲學的「氣」深具倫理意涵，它能夠協助主體認識他者，使內在開顯、想像力啟動，在倫理關係上更是以一種自由的姿態進出。[25]

其三探討「虛」的意義，「唯道集虛」顯示虛的空間性，此空間可以是天地之間，亦或是身體，若以身體當作虛的空間，此時的虛亦可以當作境界。「虛」的倫理意義在於：主體之虛除了讓渡空間讓氣能夠自由進出外，虛化的主體性亦能免除感官功能互相干擾、主觀意識過度張揚，使主體能夠「被動地」接受他者。[26]「被動」同時也展現「去主觀」的同情與包容，並以關懷的姿態進入倫理關係。對筆者而言，《莊子》的倫理關係是採取「遭逢—回應」的方式，「虛」是良好的內在狀態，讓渡空間去理解、包容，展現關懷的力量，是理想人格應該展現的特質。

仲尼敘述，心齋對於主體的內在狀態有所改變外，對其行為也產生變化。「若能入遊其樊而无感其名，入則鳴，不入則止」表示主體進入社會場域對於是非毀譽不再執著，這樣的認知模式能使主體契近他者的需求，

個生命；但同時氣又有差異性，在於每個人的氣性不同，氣也有不同的展現方式，故可將氣視為倫理差異的表現，也應對此有所認識與包容，進而點出氣有「關懷」的意義。感謝審查人提供之意見。

25 關於「氣」與「社會關係」兩者的比較，在後文會進一步論述。參照何乏筆（編）（2017）。《若莊子說法語》。台北市：臺大人文社高研院東亞儒學研究中心。頁294-306。

26 何乏筆（編）（2017）。《若莊子說法語》。台北市：臺大人文社高研院東亞儒學研究中心。頁70-83。

並以此需求作爲其行爲指導，一方面周全彼此的倫理關係；另方面保全主體的內在性。而「虛室生白，吉祥止止」則表示處在虛空狀態才有寧靜之心，這種內在的安定力量看似柔軟、溫和，卻能使「坐馳」的感官紊亂、內在煩憂的狀態止息，「徇耳目內通而外於心知」使耳目等感官功能回歸原初、使心機不再萌發。[27]由此可見，當莊子對主體內在狀態有所描述時，皆蘊涵濃厚的倫理思維，無論是「氣」、「虛」或是「心」等概念，都與《莊子》哲學的倫理理想有關。故而筆者認爲，關於「內在性」的描述，可進一步以關懷倫理學之思維進行詮釋，除了倫理思維外，可聚焦於《莊子》哲學中的「關懷倫理」思維，可透顯《莊子》倫理學與以往研究的不同面向。

貳、「內在性」與「氣」的倫理意涵

一、超越差異：「內在性」探析之必要

關懷倫理學是相對於規範倫理學而來，規範倫理學著重於公平、正義、平等等價值，企圖發展可普遍化的規範模式；而關懷倫理學則以發展「關懷」爲主要任務，「關懷」既是價値、也是實踐目的，甚至強調應將其發展爲政治價値，[28]關懷的價値與目的應在「關係」中展現。[29]人的生命處境與生活經驗，皆由「依靠」而來，在此意義下，「依靠」必定

---

[27] 筆者認為可將此心詮釋為「未達人心」的「心」，即為「可感應之心」。解釋參照陳鼓應（2011）。《莊子今注今譯》。北京：中華書局。頁134。

[28] 關於「關懷」應是「政治」價値的說明，請參照吳秀瑾（2010）。〈關懷倫理學的規範性〉，《生命教育研究》，2卷1期：109-134。

[29] 此處關於規範倫理學與關懷倫理學之比較，參照於弗吉尼亞・赫爾德（2014）。《關懷倫理學》。北京：商務印書館。頁43-67。

是「關係詞」（relational term）。而個人獨立的前提必須有賴於依靠，這樣的經驗應被納入道德規範的考量之中，故而關懷的給予者（女性）的經驗不應被忽視，甚至應該考慮普遍的道德規範對於這種角色可能造成的傷害。[30]關懷倫理學關注於倫理的「關係」，「關係」的合理性來自於經驗、溝通甚至是情緒的共感，此合理性難以用一套普遍規範去衡量，將個體天生的差異、社會結構所造成的不平等，其中顯示的眾多差異，這些差異是難以弭平、甚至是無法消去的。在《莊子》哲學的思考中，個體原初的差異（也就是「才」），是需要保全的；而社會結構所造成的差異，則需要對其予以脈絡性地理解，才可以對其進行倫理評價。

「差異」問題需要靠非規範性的方式解決，我們需要理解各方的差異，並且嘗試從對方立場去思考問題，才能知曉其困難之處。這或許容易陷入觀點主義的困境，[31]但通過「移情」的方式，能夠使我們間接地理解他人的情緒感受，在主體意識不過度涉入的情況下，主體能夠同理他者、並且能做出合理的價值判斷。[32]如何理解他人需求，永遠是個難題，「移情」作用是很好的契機，在《莊子》哲學中也可能有所發揮。完全理解他心問題似乎難以成立，但我們可以通過移情作用「契近」他者的內在狀態，其中涉及工夫修養，以及對他者脈絡的理解。「移情」與「共感」兩者密不可分，若要對他者進行理解，首先主體須對他者開放，由於「不同」（異）才能看見「相同」（同），對「不同」進行察覺與判斷已然對

30 吳秀瑾（2005）。〈依靠與平等：論Kittay愛的勞動〉，《女學學誌：婦女與性別研究》，19期：157-183。

31 觀點主義代表從該觀點來看，必會有相應的脈絡與結果，並不會因人而異。故而觀點主義的困境在於，無法跳脫固有的觀點看到倫理困境中不合理之處。

32 關於用「移情」作為方法來解決「差異」問題的說明，請參照Meyers, Diana Tietjens. (2017). “A Modest Feminist Sentimentalism: Empathy and Moral Understanding Across Social Difference.” Cambridge University Press, 2017 September, pp192-209.

他者進行開放。對於兩者之「同」與「異」，通過移情作用能得到較爲符合他者脈絡的對待方式，「異」的部分能夠同情性地理解；「同」的部分亦能後設地反思，這種情感方式既抽離又不抽離，用《莊子》的話來說，是能遊走於「天人之間」，「天」是抽離式地理解、是普遍地觀照；而「人」就是帶有情感地同情性理解，且莊子強調天人不相勝。[33]

由此來看，論及關懷不理想他者的問題，須從關懷者的「內在性狀態」著手，對內在性有所理解，才能從而調整方法去感受不理想他者的內在狀態，並從中發掘問題的癥結、得到轉化的方法。對筆者而言，若以主體向他者理解的方向去思考，若能理想地去面對他者，首先主體必須成爲理想人格；再來，如此問題變成爲理想者（主體）與不理想者（他者）內在不對等的狀態，如何將兩者進行溝通？以上文所論的「氣」、「虛」概念等「內在性」的描述，能對不理想他者進行倫理的引導、思維的轉化。故而討論《莊子》文本中關於「內在性」的描述，可形成倫理層面上問題意識，而詮釋成果與關懷倫理學的關注趨於一致。

二、「內在性」內涵的展開：「氣」的關懷意義

以〈應帝王〉「壺子四相」的故事爲例，以此探討倫理關係，在此故事中可以注意兩點：其一神巫季咸與壺子間的轉化關係的失敗；其二爲神巫季咸出逃的倫理理由。前者展現在季咸沒有眞正知曉壺子的內在狀態，反而出逃，可以導出知曉雙方的內在狀態是重要的，若雙方內在狀態處在不一致的情況下，難以達到理想的倫理互動。後者是「自我同一性」破壞

33 在〈秋水〉河伯與北海若最後一段問答中討論到「天人」意義的問題，主要論述離開「天」的領域便落入「人」的範疇，但強調天人不相勝的道理，也就是天人並不互斥。〈秋水〉：「（河伯）曰：「何謂天？何謂人？」北海若曰：「牛馬四足，是謂天；落馬首，穿牛鼻，是謂人。故曰：無以人滅天，無以故滅命，無以得殉名。謹守而勿失，是謂反其真」。

的困境，季咸無法保有一直以爲的「自我」概念，原初性被破壞後，顯現出主體的懼怕與無助。綜合以上兩點，筆者認爲檢視「內在性」是重要的倫理關懷，在「壺子四相」的故事裡，神巫季咸的出逃一方面展現雙方互動需要有一致的基礎；另方面顯示「自我同一性」的內在思考。而壺子作爲較爲理想的形象，展現哪些關懷行爲，這些行爲在《莊子》的倫理思考中，有什麼的關懷意義。

在上文的分析中，「氣」與「虛」同樣是重要的概念。爲求討論完整，茲引原文如下：

> 鄭有神巫曰季咸，知人之生死存亡，禍福壽夭，期以歲月旬日，若神。
>
> 鄭人見之，皆棄而走。列子見之而心醉，歸以告壺子，曰：「始吾以夫子之道爲至矣，則又有至焉者矣。」壺子曰：「吾與汝既其文，未既其實，而固得道與？」眾雌而無雄，而又奚卵焉！而以道與世亢必信，夫故使人得而相女。嘗試與來，以予示之……壺子曰：「吾鄉示之以太沖莫勝。是殆見吾衡氣機也。鯢桓之審爲淵，止水之審爲淵，流水之審爲淵。淵有九名，此處三焉。嘗又與來。」明日，又與之見壺子。立未定，自失而走。壺子曰：「追之！」列子追之不及，反以報壺子，曰：「已滅矣，已失矣，吾弗及也。」壺子曰：「鄉吾示之以未始出吾宗。吾與之虛而委蛇，不知其誰何，因以爲弟靡，因以爲波流，故逃也。」[34]

從壺子所談的「杜德機」、「善者機」以及「衡氣機」，代表「氣」的不同狀態：「杜德機」爲閉塞之氣、「善者機」爲流暢之氣，而「衡氣機」

---

[34] 〈應帝王〉。

是平和之氣。[35]而後文壺子所談「鯢桓之審爲淵，止水之審爲淵，流水之審爲淵。淵有九名，此處三焉」，「九淵」代表九種不同的氣的狀態，又可稱爲九淵之氣，但九淵之氣更原初的意義應來源爲「虛氣」。「審」有「聚」的意義，[36]若將「淵」作空間解釋，可理解爲：氣在虛的空間（淵）中聚集、流動。就此來看，氣也有身體的面向。道家的身體通常爲氣的身體，氣在不只在體內流通、也有向外溝通萬物的面向，藉由身體這個空間，氣作暫時的停留、聚集，也就構成我與他者感通的基礎。[37]而《莊子》也以氣的聚散來解釋人的生死，生死是變化的一環，故而氣的意義從存有意義、情感意義，再到《莊子》哲學的氣化宇宙論，可見氣概念與《莊子》哲學具整體性。

雖然「壺子四相」作爲倫理轉化的故事是失敗的，但其對於「內在性」的詮釋是深刻且豐富的，尤其可見「氣」意義的多樣性。《莊子》哲學對「差異性」的重視，在「氣」的脈絡下看似容易被化約、消弭，走向「齊一」的規範式思考。但在此故事中，卻能揭示「氣」的關懷意義，也就是內在自我該有保有同一性的場域，筆者將這種狀態理解爲莊子所談的「才」。首先回應「氣」的關懷意義展現在內在狀態的理解過程，氣具有進出自由的特性，對於他者的理解可以以「去主觀」的方式進入他者脈絡；而將「氣」的討論落到社會關係的討論上，似乎更能回應《莊子》哲學所追求的「逍遙」。

逍遙的狀態似乎可預設爲「自由」進出社會身份，看似符合《莊子》對於政治場域遠離的描述。但對筆者而言，在社會關係中，氣看似窒礙難

---

35 此處為筆者的詮釋，參照郭慶藩（清）。《莊子集釋》（台北：華正書局，2004）。頁299-303。

36 同上註，「審，聚也」。頁303。

37 著重探討氣的身體面向，關於九淵的解釋，請參照何乏筆（編）（2017）。《若莊子說法語》。台北市：臺大人文社高研院東亞儒學研究中心。頁291-293。

行，當主體與外在產生相傾軋的狀態，甚至使形神關係產生異化，而主體對內在產生陌異化的感受。將氣的思考納入倫理問題的討論中，是否必須全盤接受氣「任意且自由」的特質？這種特質似乎要求「關係」進出的隨意性？並且間接承認「逍遙」者對社會關係的破壞？[38]筆者認爲有其他的詮釋空間。

「氣」意義的多樣性，有助於理解我與他者狀態的不一致性、歧異性，但運用氣可以達到互相理解與溝通，改變雙方的內在狀態以便於進行理想的倫理互動，這需要雙方的互相給予、讓渡與敞開，而壺子與季咸是失敗的例子。但我們可進一步探討季咸出逃的倫理意義，莊子哲學所強調的差異性，也就是我之所以爲我的主體性，季咸對自我有一種特定的想像，此想像不一定正確，卻是人賴以生活的存在根源，一旦此根源受到挑戰，容易陷入混亂與失落。季咸出逃一方面展現關懷的過程其實可能是種破壞，它破壞了對自我的原初想像；另方面又呈現主體需要與他者間的差異性，此差異性不可被化約且具有同一性、恆常性。故而「氣」的關懷意義既是包容的、協助其完整的，但也有破壞的一面，而氣的破壞性展現在理想者對不理想他者的轉化；而協同其完整性，是在於包容個體所擁有的主體性。

接下來說明由「壺子四相」故事所揭示氣的「規範性」與「關懷」意涵，氣的「規範性」較難以理解。筆者認爲，若以「合理的倫理關係」去思考氣，選擇是否進入某種社會身份，其態度應爲「隨順」但不是任意，其中仍有某些限制存在。此規範性來自於氣是彼此共在的場域，亦是「我之所以爲我」的存在預設，在接受氣成爲主體構成的質料之一，並非拋棄掉主體性，而是在接受與生俱來的結構，同時意識到主體性與他者性。

---

[38] 同上註。頁294-306。

與生俱來的結構意味著我們一旦被生下，在我們的生命中本就存在諸多預設，這些預設與我們的生命劃分不開。結構有社會性的、情感性的，或是自身觀點性的，在文本中所談的便是天下大戒的「義」與「命」。[39]人並非單子式的個體，人的生命中本就存在他者，此他者並不能拋擲於我們的生命之外，逍遙的境界也並非獨我式的快樂，而是在相望江湖的場域中體會不分彼此的愉悅之感，這也是莊子所認同的理想人格的狀態。

再來，筆者認爲氣的「關懷」意涵，在於關係的場域之中，他者的情感亦是主體所關注的，從不理想他者的狀態來看，要達到成功的倫理引導，需要由內在狀態的轉化開始，才可能進一步影響行爲。對待如衛君一樣的暴君，理性說教是行不通的，反而需要同情性地理解其內在狀態形成的原因、其生活的處境，對於形成其不理想認知、行爲的原因釐清一二。對不理想的行爲並非不能給予譴責，而是以更根源的方式協助其改變。在關懷倫理學中，重視的是「被關懷」的經驗以及此經驗的傳遞，其經驗的來源是孩童學習於「被母親照顧」的經驗。[40]若不理想者無法行使好的倫理行爲，我們可以合理地設想他並沒有好的倫理經驗，以致於無法將好的經驗所帶來的愉悅感施加、傳遞於他人，在此意義下，不理想者是值得同情的，故而以關懷的思維試圖解決倫理困境也是可被接受的倫理方法。在「氣」的預設下似乎是要拋棄經驗，然而在共感的當下，仍是需要經驗的配合方能產生選擇與判斷，只是應強調不以經驗作爲倫理性的指導，「氣」的作用在關懷行爲中仍是重要的概念。

---

39 〈人間世〉。

40 弗吉尼亞・赫爾德（2014）。《關懷倫理學》。北京：商務印書館。頁11-42。

參、《莊子》哲學「關懷」特質的重估

《莊子》哲學與關懷倫理學也有不同的理論關懷處，最主要的差異在於：關懷倫理學強調積極地付出關懷；而《莊子》則對於任何積極的行為感到疑慮。在上文所述，關懷的經驗來自於孩童時代父母的照護，關懷倫理學同時也強調關懷的付出與受益，這兩種角色在同一主體上應該達到靈活轉換。孩童接受母親無條件的關愛，此時的母親是關懷的付出者；而孩童是關懷的受益者，但此情況會隨著孩童成展而有所翻轉，孩童將習得被關懷的經驗，轉而成為關懷的給予者，故而沒有人始終是給予或是受益的一方。這種好的經驗會使人習得如何在適當的關係下給予適當的關懷行為，這也是關懷倫理學所發展的道德模式。[41]而《莊子》對他者的關懷向度不同於此，筆者認為，《莊子》對他者的關懷更多的是來自當下情境的回應與轉化，回應是對他者需求的意識；而轉化則強調兩者依照當時情境下的倫理互動，並非由一方主導倫理模式，而在於雙方所給予的暗示與規範。在此意義下，經驗的意識與傳承並非不重要，但在「氣」或是關注「內在性」的思考之下，強調的是弱化經驗所造成的偏見、成見等既定認知的影響，透過由內而外對既定思維、觀點的解構，試著以「氣」的方式更原初地理解他者，而非透過社會價值、第三者的暗示等等。

弱化對依靠經驗的行為模式，該如何認識他者？須透過情感的投射、內在性的理解，達到對他者的認識，「氣」在此時同時具有「關懷」意義與「規範」意義。「關懷」意義指向共感與同情；而「規範」意義則是理解他者天生的差異與情感的限度。在理想的倫理模式中，好的關懷經驗得以延續與傳承，使關係中的雙方都能享受好的倫理狀態。本文以「顏回見

---

41 肖巍（2000）。《女性主義倫理學》，成都：四川人民。頁27-57。

仲尼請行」中的「衛君」、「壺子四相」中的「神巫季咸」作爲不理想他者的討論案例，兩個故事同樣對內在狀態有深入的刻畫，同時帶出同情性地理解，但兩個故事的轉化結果都是不成功的。[42]接下來想討論帶有關懷意涵並且轉化成功的例子，來自〈德充符〉子產與申徒嘉的故事，筆者將進一步分析《莊子》所談的「內在性」不僅有關懷意涵，並且與《莊子》哲學的理論背景是相契的，引文如下：

子產謂申徒嘉曰：「我先出，則子止；子先出，則我止。」其明日，又與合堂同席而坐。子產謂申徒嘉曰：「我先出，則子止；子先出，則我止。今我將出，子可以止乎，其未邪？且子見執政而不違，子齊執政乎……申徒嘉曰：「自狀其過以不當亡者眾，不狀其過以不當存者寡。知不可奈何而安之若命，惟有德者能之。遊於羿之彀中，中央者，中地也，然而不中者，命也。人以其全足笑吾不全足者多矣。我怫然而怒，而適先生之所，則廢然而反。不知先生之洗我以善邪！吾與夫子遊十九年矣，而未嘗知吾兀者也。今子與我遊於形骸之內，而子索我於形骸之外，不亦過乎！」子產蹴然改容更貌曰：「子無乃稱！」[43]

當時的子產是執政大臣，具有社會地位，他對於兀者申徒嘉與他同進同出，感到不滿，並以此批評他。此故事的子產就是個不理想者，而申徒嘉擔任倫理的轉化者、關懷的給予者的角色，但此故事的倫理轉變可分爲兩部分來談，並且同時具有關懷意義。其一爲伯昏無人對申徒嘉之轉化；其

42 在「顏回見仲尼請行」文本雖沒論述顏回是否成功轉化衛君，但依文脈來看，可以猜想為不成功；而「壺子四相」則由於壺子出逃以失敗告終。

43 〈德充符〉。

二為申徒嘉對子產之轉化。其一的轉化，在文本中較隱而不顯，卻含有極大的關懷意義。起初申徒嘉對於他者之惡意，仍會感到忿忿不平，師從伯昏無人後開始不在意來自他人的眼光，在此過程中，伯昏無人甚至沒有注意到申徒嘉「兀者」的身份。由此來看，伯昏無人對申徒嘉的關懷是深厚且包容的，使申徒嘉忘記自己「兀者」的身份，進而對外在的是非毀譽不動於心，重新接納自己的殘形，使自身的價值脫離不盡合理的社會脈絡，回歸生命最為原初的狀態，探究自身之價值。而伯昏無人對申徒嘉的關懷並沒有終止於轉變過後的申徒嘉，再來是由申徒嘉將此份關懷帶進子產的生命之中，顯示「關懷」的經驗具可傳遞的性質。

其二，申徒嘉對子產的關懷在於：申徒嘉對其「內在性」有深刻的剖析，深具社會規範的解構力道，並且透過形容理想人格的內在性，影響子產的態度與行為，使子產漸趨倫理理想。申徒嘉是「兀者」身份，此形象在當時社會本就是「失德」的標誌。[44]但申徒嘉認為「形骸之內」的德性才是重要的，而「形骸之外」皆屬於「命」的部分，也就是「遊於羿之彀中」、難以掌握的「變化」。申徒嘉闡釋理想人格對「內在性」有透徹的理解，但對內在性的理解不能脫離「命」的預設，也就是各種不得已、不知其然的變化，理想者都能與之應負並且轉化他人。

此故事通篇無「氣」概念，但筆者認為若「氣」具有關懷特質，同樣可以將對他者的理解放在此一脈絡上思考，對這篇故事進行再詮釋。當面對不理想他者時，「氣」首要面對主體內在某些奇異的特質，這些特質可能是悖論性的、斷裂式的生活經驗等等，「氣」難以化約這些生命特

---

44 〈德充符〉描寫各種形體怪誕但有德之人，莊子賦予這些人物極高的倫理評價，在古代體殘通常與刑罰有關，莊子藉由這些形殘者，解構規範與德性之間的鏈結，也破解外表醜惡與失德的聯想。

質，由於這也是該主體的主體性。[45]當氣面對這些「異物」，筆者認爲這也是氣的規範性所在，也就是莊子所重視的異同與轉化問題，氣不應該將同一性的共在視爲理論的終點，應該同時看到關懷與規範的一體兩面，氣在倫理關係中的討論才能彰顯其價值，並且免於差異的生命特質被消弭的困境。莊子在這篇選擇「兀者」做爲理想人格的代言者，正可以展現《莊子》哲學的特異之處：以非權勢者的立場發聲，也是關懷倫理學的理論特質。

申徒嘉作爲社會結構中的弱勢者，卻在與子產相處的過程中立場反轉，反而顯得子產才是德性上的弱勢者，這也是《莊子》哲學中的關懷向度。關懷倫理學強調以「女性」觀點出發，相對於社會結構中強勢的男性思維、規範倫理學。且刻意強調兩性思維的差異，進一步凸顯女性對於其行爲的理由，通常是情感的、需求的，或是感想的等等個人理想式的思考，而非普遍原則與其應用。由此來看，《莊子》與關懷倫理學同樣選擇以「弱勢者」、「非權勢者」的立場來發聲，故而兩者皆認爲，以一套普遍化原則衡量所有的道德價值，勢必有所偏頗。[46]關懷倫理學大致可歸類爲女性主義中的一支，而女性主義之特色，在於強調爲弱勢族群發聲（例如：女人、有色人種、殘疾人士等等），並且追求弱勢者也能被作爲弱勢者來尊重。

由上文所見，《莊子》哲學與關懷倫理學有許多相似之處，透過關懷

---

[45] 畢來德在其〈莊子九札〉中論及《莊子》氣論的不可靠性，認為依循氣論的脈絡，使得莊學對差異性的重視無法彰顯，筆者引以為戒，並且試圖提出一說，同時使「氣」保有其原始特質，但又能對「差異」有所警惕。本說法參照畢來德（2012）。〈莊子九札〉，《中國文哲研究通訊》，22卷3期：11-15。

[46] Nel, Noddings. (1984). *Caring, a feminine approach to ethics & moral education*. Berkeley: University of California Press, pp 3.

倫理學的思維方法來詮釋《莊子》文本，能帶出《莊子》哲學中的倫理思維與規範性，更能呈現隱而不發的關懷面向。而《莊子》對於「內在性」的討論相當豐富，以「氣」的角度切入，可談存有、情感，甚至是變化，都有相當豐厚的倫理反思。關懷倫理學長期面臨的批評即爲：缺乏公共性，也就是以關係爲導向的倫理規範，容易導致對親近之人的偏私。但筆者認爲，以《莊子》中對「內在性」的討論來看，一旦成爲理想人格，在聖人的境界中，以「氣」作爲感通的基礎，與物的關係極盡親密，在此狀態下，情感已不具偏私性，更遑論對關係有所偏頗。

更確切的說，莊子不會反對主體對親近之人有多的倫理義務，若在「遭逢一回應」的倫理模式下，莊子對他者仍有倫理意識、並且與之回應。關懷倫理學家試圖發展關懷的道德性，並且認爲關懷應是道德上優位的，具有「關懷」特質者不應是道德發展理論上較不成熟的表現，《莊子》對此同樣認同。若以公平、正義爲優先導向之倫理學，對各樣的差異者是極其暴力的對待，由於關懷與正義並非互斥的概念，追求關懷價值的同時，也能保有正義。在某程度上，先有正義才可能有關懷，如同莊子對待他者不會先以既定規範衡量，解構不理想的規範後，將原初價值找回，這也是正義所追求的道德途徑，而此時關懷的介入才顯得有深刻意義。

肆、結論

本文試圖從「主體」與「他者」作爲倫理思考的起點，從主客二分的思維模式，分析主體如何認識他者內在心靈的方法或途徑。以「不理想他者」形成問題意識，探討《莊子．內篇》中的三個故事，試圖闡發「氣」、「虛」等概念所構成的「內在性」討論，在《莊子》哲學中極具倫理思維。而《莊子》對倫理問題的思維方式與西方關懷倫理學有眾多共鳴之處，以關懷倫理學的思維方式分析《莊子》文本，可以發現《莊子》哲學亦有深刻的關懷向度。雖兩者在理論的形成過程、基本預設尚有眾多歧異之處，但仍不妨礙兩者理論作出對話與溝通，甚至理論的接嫁。如同《莊子》關於「內在性」的討論，引申到理想人格的追求，便可成為關懷倫理學缺乏公共性的資源補強。

無論《莊子》或關懷倫理學，對於「差異」問題都提出豐富的討論，「差異」是倫理學中顯著的困境，也由於差異，眾多論題難以形成共識、缺乏一股力量與其他學說對抗。但或許差異問題本身難以以化約的方式看待，只能以個案式的方式解決。在追求快速的當代社會中，如此「專注」個人的學說難以見到，這或許對《莊子》或關懷倫理學來說，其理論性格具有深刻的現代意義等待發掘，而未來學說的發展性也無可限量。

參考文獻

王叔岷（2013）。《莊子校詮》。北京：中華書局。

弗吉尼亞・赫爾德（2014）。《關懷倫理學》。北京：商務印書館。

何乏筆（編）（2017）。《若莊子說法語》。台北：臺大人文社高研院東亞儒學研究中心。

吳秀瑾（2010）。〈關懷倫理學的規範性〉。《生命教育研究》2卷1期：109-134。

肖巍（2000）。《女性主義倫理學》。成都：四川人民。

林明照（2013）。〈無我而無物非我：呂惠卿《莊子義》中的無我論〉。《中國學術年刊》第35期（秋季號）：1-32。

畢來德（2012）。〈莊子九札〉。《中國文哲研究通訊》22卷3期：11-15。

（清）郭慶藩（2004）。《莊子集釋》。台北：華正書局。

陳鼓應（2011）。《莊子今注今譯》。北京：中華書局。

錢穆（2011）。《莊子纂箋》。台北：東大。

鍾振宇（2016）。《道家的氣化現象學》。台北：中研院文哲所。

D'Ambrosio, Paul; Kantor, Hans-Rudolf; Moeller, Hans-Georg. (2018). Incongruent Names: A Theme in the History of Chinese Philosophy. Dao, 2018, Vol.17(3), pp.305-330.

Meyers, Diana Tietjens. (2017). "A Modest Feminist Sentimentalism: Empathy and Moral Understanding Across Social Difference." Cambridge University Prcss, 2017 Scptember, pp192-209.

Nel, Noddings. (1984). *Caring, a feminine approach to ethics & moral education*. Berkeley: University of California Press.

Pang-White, Ann A. (2009). "Nature, Interthing Intersubjectivity, and the Environment: A Comparative Analysis of Kant and Daoism." Dao, 2009, Vol.8(1), pp 61-78.

Pang-White, Ann A. (2018). "Daoist CI慈, Feminist Ethics of Care, and the Dilemma of Nature." Journal of Chinses Philosophy, 2016 Sept-Dec, Vol.43(3-4), pp 275-294.

Hearing by Qi(氣): to Discuss the thoughts of Cares Ethics in Inner Chapters of the *Zhuangzi*

San Lee

PhD Student, National Taiwan University Department of Philosophy

Abstract

The purpose of this article is to investigate the thoughts of care ethics in inner chapters of the *Zhuangzi*. By discussing the concept of Qi(氣) can reveal an unique concept that undesirable others (不理想他者) is not a negative concept. Also, ideal person(有德者) and undesirable others (不理想他者) are opposite concepts. How can make the undesirable others to become moral, that needs to notice the inner state of ideal person. Personality traits of ideal person is leading, it can make the others changing and transforming. Becoming moral must using caring, instead of normative way. In general, the ethical thought in the *Zhuangzi* is different to the research approach of Care Ethics. However, there are some similarly parts. Qi in the *Zhuangzi* can separate into two meanings: "difference" and "diversity". Additionally, Qi also has the meaning of commonality, because Qi is fundamental components of world.

To sum up, the Qi is not only contained ontology concept but also involved ethical meaning. This article will explain the characteristics of "caring" in Qi, and get in-depth research to the inner state of the undesirable others. By understanding and analyzing the inner state, ideal person can make emotional transformation and behavioral guidance. Qi can reveal deep relationship among others and self. Relation is an important ethical issue in the *Zhuangzi* and Care Ethics. Moreover, Qi can show different people need different ethical care, which could highlight the theoretical lack of Normative Ethics.

Keywords: Zhuangzi, Care Ethics, Ethics of Care, Qi, ideal person.

外國哲學

德勒茲的時間綜合——時間悖論：以普魯斯特的《追憶似水年華》為例

廖芊喬

巴黎第八大學當代哲學邏輯實驗室博士候選人

摘 要

此論文主要研究法國當代哲學家吉爾·德勒茲（Gilles Deleuze）的時間綜合概念，以普魯斯特在《追憶似水年華》中呈現的記憶和純粹過去（passé pur）之時間性爲主要分析客體，其概念涉及康德的批判理論，對於我思（Cogito）、時間和先驗理論之論述作爲基礎，內容論及詩、文學、藝術的主體化過程，以及藝術作品的存有。

問題意識：整體研究以休謨的重複概念和柏格森的時間之過去悖論爲起點，身體和物質性，在時間綜合裡扮演的角色爲何？時間的空形式爲何指向死亡理念？從詩的力量、文學、藝術作品中提問：作品中的頓挫力量如何影響著當代主體性的建立？

本研究方法之主軸：對於康德的我思再提問——時間、被動自我與潛在客體，以《追憶似水年華》的回憶和謊言爲例子，主要分析德勒茲的《差異與重複》著作爲此主軸的研究基礎，針對他對於瑪德蓮的味道、鐘聲、鐘樓、樂句等物質性之觀點討論感性符號，以及以貢布雷的存有談論純粹過去和現在之時間悖論。最後結論針對時間的空形式，談論何謂藝術創作中的錯誤力量，如即興、語言和不合時宜（（非）一意義）的表現：以洪席耶談詩的整體力量和頓挫力量的關係作爲此論文之結束。

關鍵字： 時間綜合、差異、重複、頓挫、被動綜合、純粹過去、死亡理念、時間的空形式、習慣、記憶、感性之存有、謊言自身、被動自我

壹、時間綜合與符號之關係

一、論德勒茲（Gilles Deleuze）的時間綜合

重複，在時間的論題上經常被提出來討論，例如休謨（David Hume）和柏格森（Henri Bergson）[1]。德勒茲在《差異與重複》（*Différence et répétition*）一書中，尤其是第二章〈重複爲其自身〉，以他們的重複概念談論「差異」，並以休謨的一句名言作爲提問的開端：「重複，在重複出現的客體裡無任何變化，但在凝思著它的精神裡改變了某事物」，那麼，重複在凝思著它的精神裡改變了什麼？此改變意味著於精神裡產生嶄新的某事物，意即「內在差異」。

這個改變關乎著什麼？休謨解釋，獨立的同一或相似的境況建立於想像力之中。想像力於此被定義爲一收縮的力量：即感光板，當彼（另一）顯現時，它會抓住此（此一）。它收（縮）進諸境況、組成要素、震動、同質的瞬間，且使這些融入某一載重的內在質性印象中。當A出現時，我們料想B 和一種與所有被收（縮）進的AB 之質性印象相應之力量一起。尤其，這既不是一種記憶，亦非一項理解力的運作：收縮並不是一種反思。準確地說，收縮形成一種時間綜合。（德勒茲，2019：168-169）

德勒茲論及時間的第一綜合，其具有兩種面向：其一爲涵蓋記憶和理

---

1 參照自《差異與重複：法國當代哲學巨擘德勒茲畢生代表作》，頁：171。「柏格森的例子大概與休謨的不相同。一個意指封閉的重複，另一個則是開放的。再者，一個表明了AAAA（tic, tic, tic, tic）類型之組成要素的重複，另一個則是一種境況的重複，AB AB AB A.....（tic-tac, tic-tac, tic-tac, tic......）。」即便如此，柏格森的境況之重複AB或BA（tic-tac ou tac-tic）必須以休謨的組成要素A的重複之收縮作為基礎，反之，組成要素的重複形成tic-tic的境況時，必須結合被動綜合裡不同的層級，否則僅僅是單一不變的重複。德勒茲認為無論是休謨的封閉或柏格森的開放之重複最終皆讓我們留在感性和感知之層級裡。也就是說，每一組成重複的境況指向被動綜合（潛在的）與主動綜合（現實的）的兩半邊。關於柏格森的部分，筆者將會進行論述。

解力（l'entendement[2]）的主動綜合，另一是想像力所歸屬的被動綜合。[3]在此概念中，我們必須釐清習慣、慣習、回憶和非意識裡最爲深層的記憶之間相互交纏疊合或對立的關係。

（一）習慣和記憶

動詞「contracter」具有收縮之意，在法語語境中，一旦涉及了「慣習」（habitus）補語，意味著「養成習慣」（contracter une habitude）的意思。因此，我們可以理解成，透過重複動作而形成的習慣。但是，以休謨的論題來看，「重複，在重複出現的客體裡無任何變化」，境況收縮的重複不同於養成習慣的重複，也就是說，前者意味著身體將不斷地收縮進諸多跡象，這個收縮即被動綜合；後者爲，人們普遍認爲「透過意識」再一次重複動作皆爲養成習慣之必要性，根據德勒茲的時間綜合概念，養成習慣必須倚賴具理解力的主動綜合，以及依循著兩種秩序，這就是習慣的一般性。當習慣尚未養成之前，將被收縮進來的某些跡象之活動要素立即與一個被假定的典範進行比較其一致性，我們可稱作「相似的秩序」；習慣一旦被養成，意謂與不同情況裡的活動要素相符合，此稱「對等的秩序」。其實，習慣的一般性並不存在著重複，甚至這個重複對抗著它的一般性。有人便提出質疑：難道習慣不是由重複動作所組成的嗎？心臟的收縮與舒張之重複也是構成一種習慣，但此重複與境況收縮的重複全然不同，也就是說，其倚賴著重複的二項對立的元素，其一爲收縮，另一爲舒張；反之，境況收縮的重複則須在「如果彼不消失，此就不會出現」的規則裡。然而，爲何重複對抗著習慣的一般性？一方面，習慣屬於時間的創

---

2 L'entendement意指智力或知性（康德用語）。

3 「記憶和理解力的主動綜合與想像力的被動綜合交疊在一起，而且倚賴被動綜合。」（2019：170）

建，其主動綜合，首先經由身體收縮進來的諸跡象，再透過此時間綜合於情感之中產出的諸跡象相對應，即被產出成可感、可理解且具其意義的符號。它的另一被動綜合的面貌總是朝向記憶的深處，即時間的基礎—時間的第二綜合，換言之，一部分未被確定或賦予意義的跡象則滯留或被扣留在習慣的被動綜合裡，終究指向最深層的記憶裡，亦即「時間的第二綜合」。在此，德勒茲把它比喻成，「慣習（Habitus）與記憶女神（Mnémosyne）」、地與天、創建（fondation）與基礎（fondement）的結盟。誠如他所言：「每次收縮、每個被動綜合都是由符號構成的，在主動綜合中被闡述和被展開。」（2019：173）。另一方面，重複對抗著構成習慣的「良好意志」，這關係著建立一種習慣必須於其「良向」（bon sens）之中建立起「共知」（sens commun）[4]，從柏拉圖到康德仍舊如此，小至一項習慣大至創建概念，「良向」和「共知」確保了「知」的抽象形象，這也正是德勒茲所批判的教條式思想的形象[5]。換言之，養成習慣意謂養成「好」習慣，重複建立在「良好意志」的基礎之上，這就是對抗著這樣的養成習慣之原因。倘若有人提出「壞習慣」去質疑此對抗，這只不過是在「養成好習慣」之後才產生的對立面，並無法推翻構成習慣的「良好意志」之基礎。

習慣，與時間的形式、重複、學習以及理念有關。德勒茲提出了一個明確的例子——學習游泳，身體的微小感知與波浪運動相接觸時，身體僅在「現在」（présent）的當前時刻之下呈現最大的收縮，簡言之，當前

4 「bon sens」和「sens commun」中譯上有些不同，普遍譯成「良知」和「共感」。但在德勒茲的文本中不再適用，尤其在《差異與重複》的第三章可發現，「sens commun」意謂康德的三種協和能力，達到認識的普遍性：「bon sens」則是具時間性的方向，且在第一時間綜合中使得三種能力相互協作，因此，筆者將採用繁體版「良向」（bon sens）與「共知」（sens commun）的譯法。

5 參照自《差異與重複：法國當代哲學巨擘德勒茲畢生代表作》，第三章：思想的形象。德勒茲將知的公設整理出教條式形象裡的八項公設。

的現在經由感知綜合包覆進來，因此我們是由數以千計的習慣所構成，其爲建立在被動綜合之基礎上的符號。反之，已逝去的現在則在記憶和理解（智能）的主動綜合領域中被展開、被再現。或許我們能夠由此得出關於習慣的結論，時間的第一綜合形式，由主動綜合與被動綜合疊合而成，「習慣是時間的基底創建、是消逝著的現在所占據的疏鬆土地。」（2019：184）。如同德勒茲所論及的時間第一綜合：

> 於此初階、生命的感受性方面，實際經歷過的現在已在時間裡建構起過去和未來。此未來顯現於，作爲等待的組織性形式之需求裡；滯留的過去則在細胞的遺傳性中出現。除此之外：這些有機組織性的綜合，透過與建立在它們之上的感知綜合相結合，而再次被展開於一種記憶的主動綜合和一種心理-組織性的（本能和學徒期）智能之主動綜合中。因此，我們不僅必須去區分，就被動綜合而言的一些重複形式，而且也應去區分一些被動綜合的層級，以及在這些層級之間的結合、這些層級和主動綜合之結合。這一切形成了符號（*signes*）的富饒領域，每一次都包覆著異質物，並且使行爲活躍起來。（2019：172-173）

至於「現在」的基本觀念，人們對於時間的認知，可能還停留在物理性循環或線性時間，如同以現在爲立基點劃分過去和未來，或者更往前一步，想像時間是循環的、是圓的。無論是線性或圓形，其意指「過去」僅被視作爲先前的、舊有的現在，假使僅以此時間觀點來談論回憶（le souvenir）和記憶（la mémoire）的話，所謂的過去就如同已被編譯的、被定義、無關未來的歷史行動。更確切地說，我們可感受、可理解的時間皆已被主動綜合再現、再生產的時間性，其僅是具有維度之「一種」時間形式，但仍舊存在著不可再現和無法回憶的時間形式，換言之，倘若不論及被動綜合和「過去」時間的關係，主動綜合將無法進行再現，因爲我們總是無法從交纏一起的諸時間綜合中提出其中一種單獨論之。相反地，若忽視於「現在」其現實的重要性，則什麼也沒有，援引法國哲學家沙特（Jean-Paul Sartre）在《存在與虛無》（*L'être et le néant*）一書中提及關於「時間性」的悖論：「過去不再過去，未來尚未到來，至於瞬時的現在，每個人都非常知道它什麼都不是，它是一種無窮劃分的界限，如同無維度的瞬間。」[6*]（2014：142）儘管時間必須建立在現在的基礎上，現

6 Jean-Paul Sartre, *L'être et le néant*, p. 142. 法文原文：le passé n'est plus, l'avenir n'est pas encore, quant au présent instantané, chacun sait bien qu'il n'est pas du tout, il est la limite d'une division infinie, comme le point sans dimension.

*關於審委對於譯文的疑議，筆者並非堅持自行翻譯，由於此篇文章的參考文獻皆採用法文版，因而期望提供讀者另一種譯法，在此特別說明此翻譯的哲學根據：「le passé n'est plus」在沙特的存在主義脈絡裡，動詞「être」與「exister」比一般語言使用上具有更深的哲學意涵，例如：「ce qui n'*est* pas」（動詞être）與「ce qui n'*existe* pas」（動詞exister）是否皆能譯成「不存在者」？若兩者意義皆相同，那為何有時使用「n'*est* pas」，而有時則使用「n'*existe* pas」呢？我們可用「l'être en soi」（常譯為「在己存有」或「在己存在」）為例來說明，因為它正是「ce qui n'existe pas」，但我們若將「l'être en soi, c'est ce qui n'existe pas」譯作「在己存有是不存在者」或「在己存在是不存在者」，似乎與原意有所出入。這是因為，「l'être en soi, c'est ce qui n'existe pas」的「n'existe pas」具有「不離開」（ne sort pas）的意思，亦即「ce qui ne sort pas de soi」（不離開己）或者說「ce qui reste en soi」（留於、處於在己狀態）。因此，「在己存有」即「ce qui est ce qui n'existe pas」，這裡更可看出動詞être與exister同時被使用，而且前者為肯定句，意為「是」（例如：這「是」書。法文「C'est un livre.」、英文「this is a book」）；後者為否定句「n'existe pas」如上述具有「不離開」之意。簡言之，動詞「être」與「exister」皆具有多種意義，再加上動詞名詞化：如「être」名詞（存有）、「étant」名詞（存在者），以及兩者之間結合使用的確切性考量，我們一開始的提問：「ce qui n'est pas」（動詞être）與「ce qui n'existe pas」（動詞exister）是否皆能譯成「不存在者」？答案自然是「不行的」。因此，這也是為什麼我們將「le passé n'est plus」譯成「過去不再過去」而非「過去不存在」的原因之一。其次，至少還有兩個原因，其一，「過去」（passer）是「現在」（le présent）所做的事情，「現在」什麼都不是「quant au présent instantané, chacun sait bien qu'il n'est pas du tout」，是因為它唯一要做的事就是「過去」（消逝），但「le présent n'est pas du tout」不能譯成「現在絲毫不存在」是因為「現在」正是「ce qui existe, c'est ce qui sort de soi en tant qu'étant」（離開己，作為存在者）；其二，「le passé n'est plus」並非「存在」或「不存在」的二擇一問題，而是永遠指向「另一」（l'Autre）的潛在性（la virtualité），這裡我們可援引德勒茲在《柏格森主義》一書中之論述（Gilles Deleuze, *Le Bergsonisme*, pp. 49-50.）。

在卻不斷地在時間中消逝，而當前的現在正在做的事，正是過去，並非朝向未來。唯有站在過去，才能朝向未來，這就是時間的悖論。然而，我們不禁要問，身體只活在當前的現在，又如何站在過去朝向未來呢？由於屬於身體的被動綜合必然地朝向最深層同時也是最表面的記憶之第二綜合，而記憶的兩個面向，一面站在現在朝向過去、另一面站在過去朝向未來。

上述已提及的「習慣的被動綜合」，其自身指向這種更深的被動綜合裡，它是屬於記憶的：慣習和記憶女神，或者天與地的結合。因此，一方面透過被動綜合中的想像力將諸跡象（符號）送至智能的主動綜合，以此能力於現在之時間中進行產出一段回憶；另一方面，送往更深層的被動綜合裡，這些跡象與不可憶起之過往結合，稱之為非意識的記憶或「虛存記憶」（la Mémoire），我們常見德勒茲以大寫字母表示此記憶不同於一般於現在時間裡可被表述的一段回憶：「當創建奠定於習慣之上時，記憶必須經由不同於習慣的其他被動綜合而被建立。『習慣』是時間的原初綜合，其建立正消逝的現在之生命；虛存記憶是時間的基礎綜合，其構建過去的存有（使得現在消逝者）」（2019：184-185）。何謂不可憶起之過往？人們或許知曉柏拉圖式「不朽靈魂之回憶」（la *Réminiscence*）的同心圓之循環時間，此概念著重於本體論的時間，意味著過去是不可追憶的，唯有不斷地往返去追尋崇高理念（*Idée*），此時我們可看見時間的第一綜合至第二綜合的回返運動，德勒茲將此過去稱之為時間的基礎綜合，不過同時也對於不朽靈魂之回憶提出質疑。其問題在於，柏拉圖以蘇格拉底從辯證法到神話的方法劃分所有向往者的階級：「具充分理由的向往者、父母、僕從、助手，最後是一些招搖撞騙者與贗品」（Deleuze, 2002：295），以及從符合政治競爭者中選擇具有理念的向往者，意指他們有一對神聖的翅膀能夠不斷地向上追求理念。這樣的分級制度形成唯一且固有的範式，正是同心圓的循環，也就是說此迴圈最後只會指向相同或同一的回返。這就是德勒茲指出的問題，並且將「不朽靈魂之回憶」與尼采的「永劫回歸」（l'Éternel retour）進行比較，提出了時間的第三綜合，即時間的「空」形式。如果沒有時間的第三綜合的話，不朽靈魂之回憶只不過是單一中心的圓、不斷回返至相同的圓罷了！時間的第三綜合與曖昧不明、模稜兩可的符號有關，至於什麼是模稜兩可的符號，又如何在第三綜合之中作用，筆者將在本文第二部分談論普魯斯特的符號中深入研究。

（二）何謂純粹過去（le passé pur）？

現在不存在，卻行動著，而過去不動作，卻存在著。純粹過去並非先前的現在，更不是過去曾是的現在。如同沙特所言，現在不具有任何維度，因爲它的當前任務就是「過去」（成爲消逝的現在），相反地，過去擁有現在和未來兩種維度，並且總是朝向未來。純粹過去意味著非一般的回憶，而是整體的時間，也可以稱之爲時間的第二綜合。而我們可同樣地以此角度看待純粹事件，譬如：紀念歷史上發生的事件，並非紀念一個過往事件，像是六四天安門事件、法國巴士底革命的行動一樣代表著所有對於六月四日紀念日、法國國慶日的創造，換言之，歷史上發生過的大事件我們從未在場，但它卻與我們共在。

在本文開端已提及柏格森的境況重複，其關於純粹過去的先驗綜合看法。在收縮的狀態下，每一當前的現在就只是在它最緊縮下的整個過去。簡言之，過去若沒有使一個嶄新的現在產生的話，就不會使其中一個現在消逝；然而它卻既不消逝也不會發生，如果任一再現不假定它的話。由此可理解，純粹過去爲何不作爲時間的一個維度，而是整體時間的綜合，因此，現在和未來只不過是它的維度而已。德勒茲對於時間的過去悖論提出四點，最後一點參照柏格森的椎體概念－各層級的無限性，這是最複雜也是最難理解的過去悖論。

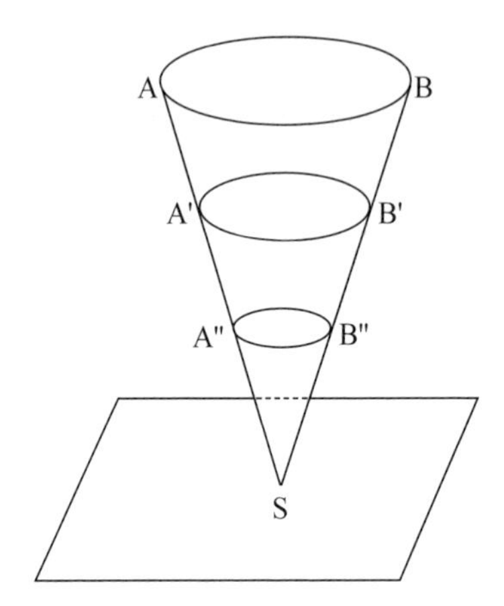

圖1　為柏格森的錐體概念——「層級的無限性」（2012）

關於純粹過去的四項悖論，其一指涉此錐體概念——層級的無限性，我們可以再次援引德勒茲的學習游泳例子進行推論此概念。身體的感覺—運動機能（sensori-motricité）與姿態，如顛倒的錐體概念圖的S點，每一層AB境況不是過去時間的元素，而是包含著過去的整體，以及從S點到所有層級之間正是柏格森時延（la durée）[7]的概念，也就是收縮作爲其本質，層級與層級之間能否跨越，須考量。S點意味著身體只能處於現在，卻與所有層級的過去共存，將所感受到的顯著點和外在事物（波浪）的顯著點結合在一起，我們稱之爲身體數以千計的微小感知[8]，每一微小感知

7　德勒茲在《柏格森主義》和《差異與重複》皆提及柏格森時延的概念，他不僅是將此概念與空間的科學概念做出區別而已，還提出時延所持有的多重性之兩種類別。參照《差異與重複：法國當代哲學巨擘德勒茲畢生代表作》，頁：170，「柏格森在此區分了兩個面向，精神裡的融合或收縮，以及在空間裡的開展。」另外，於《柏格森主義》清楚區分出這兩種類別，由空間所再現的多重性，正是一種外部性、同時性、並置性、等級的、量的區分化、程度上的差異之多重性; 另一則在純粹的時延被再現，是一種連續性、融合性、組織性、異質性、質的區分、本性上的差異之內部的多重性。

8　微小感知或細小靈魂意指著非人稱的、內在的意識，可參考德勒茲生前最後一篇文章〈內在性：一種生命〉所談論的無主體的「先驗場域」（le champ transcendantal）。

都具可凝思的靈魂，然後透過學習連接起諸特異點而建構一個曲線。於此刻，與游泳教練習得的「知識」必須讓位給身體，也就是說唯有身體跟海浪的碰撞才算得上眞正學習游泳。另外三種悖論，首先，過去只能在作爲曾經已是，簡言之作爲純粹過去而非回憶的狀況下，才會與現在「同時代性」，再者只能存於自身之中才與就已逝去的現在而言之現在「共存」，最後一點「先存在」的悖論在於，一般的過去之純粹要素，亦即先前被收縮進的要素，先存於消逝著的現在，因爲這些要素被扣留在被動綜合裡等待。

我們可以從上述的四項過去的悖論得到結論，純粹過去之首要，其必須作爲曾經已是且存於自身，與當前的現在同時代性且處於共存狀態，其要素又先存於現在，這是有別於一般性的質與量之廣延，我們可稱之爲感性「之」存有。它總是受到主動綜合的排擠，由於純粹過去無法被定性，因此藉由被動粽合送至時間的第二綜合，與不可追憶之記憶相結合。誠如德勒茲所言，那是處於遺忘之中，不可追憶的第二綜合：

> 先前的現在讓自己再現於遺忘之外的主動綜合裡、在遺忘以全憑經驗的方式被制服之範圍內。但在此，正是「處於」遺忘（l'Oubli）之中，而且是無法追憶的，貢布雷在一種未曾在場的過去之形式下，突然出現：即貢布雷之在己（l'en-soi）。如果有一種過去的在己，那麼不朽靈魂之回憶就是它的本體或是授予它的思想。不朽靈魂之回憶，並非簡單地將我們從當前的現在送回先前的現在、把我們近期的愛指向嬰兒時期的愛、我們的戀人指向我們的母親。在此仍是，諸消逝著的現在並非說明了純粹過去因其而受益、受其助力下，以至於湧現於再現之下：聖母，從未是過去經驗的，在戀人之上且超越母親，與其中一位共存且與另一位同時代。（德勒茲，2019：193-194）

普魯斯特接續了柏格森，《追憶似水年華》中主人翁兒時生活過的城鎮—貢布雷（Combray）作爲純粹過去的例子最爲恰當，敘述者馬塞爾透過物質的感受憶起童年在貢布雷片段的生活記憶，這屬於有感覺的存有，如何超越有感覺的存有達到「感性之存有」呢？如北方王子哈姆雷特說：「時間脫離其鉸鏈」或是詩人荷爾德林（Friedrich Hölderlin）曾說，「時間停止『押韻』，因爲它自一『頓挫』的兩端，不勻稱地被分配，據此，開始和結束不再一致。」（德勒茲，2019：200）這意味著時間、秩序的錯亂，如同普魯斯特在〈找回的時光〉篇章中描述，當馬塞爾重返貢布雷時巧遇他的初戀–希爾貝特，才驚覺貢布雷的人事已非、已不再是他回憶中的貢布雷，唯有透過書寫才能使從未在場的貢布雷再現。如上述德勒茲所言，當前憶起的事物並非簡單地指向兒時的經驗，貢布雷一旦變成文學作品的題材，普魯斯特對此的敘述就會先於經驗，這正是感性「之」存有。讀者閱讀一本書的時候，無論是他自身抓取的知識或甚至是誤解，將會形成讀者自身的存有。同樣地，當一件作品脫離作者而獨立出來時，也將成爲自身的存有，如同貢布雷的存有，它被作爲純粹過去。

若要接續談論時間的第三綜合（時間的空形式），必須先理解非（否）與謊言的不可化約性，才能進一步理解《追憶似水年華》之中阿爾貝蒂娜的謊言所帶來另一系列的起點，以及深入討論藝術作爲錯誤的力量之去返運動。首先，分析《普魯斯特與符號》中德勒茲提出妒忌和愛的謊言符號之關係，接續與沙特在《存有與虛無》中論及的「謊言自身」相對應。

二、非與謊言

所有欺騙我們的人，都在謊言裡有所堅持，我不知道她是否屬於這情況。這卻是一件奇怪的事，如同最不信教的人，對於善良具有堅定不移的信仰表現。好像有人對說謊者說，說謊比坦白更加使人痛苦，那是白費唇舌，他們意識到的話也是無濟於事，稍過片刻仍可能再撒謊，為了保持他們起初對我們說過的一致，只能一騙到底。正因如此，一位珍惜生命的無神論者，別人都認為他十分正直勇敢，為了不打破別人對他的這種看法，而甘心殉身。[9]（Proust, P II：349-350）

德勒茲在《普魯斯特與符號》一書中以三種機器[10]（或者是三種生產眞理的範疇）強調藝術的符號之重要性，不過愛的謊言符號才使得藝術的去返運動成為可能，由於在此所談的謊言，尤其是阿爾貝蒂娜在她的謊言裡表現出堅定不移的信仰，最終指向內在最深處的外面世界，而非事實的反面。那麼，馬塞爾的謊言為何僅僅意味著被掩蓋的眞相而已？

（一）愛人與被愛者的謊言之差異

馬塞爾對於阿爾貝蒂娜的謊言感到不諒解，他認為他所愛的人長久以來一直隱藏一個秘密，他的嫉妒心不斷地想揭露這個秘密。正是德勒茲所提及：「被愛者的謊言是愛情的象形文字」[11]（2014a：16），這些令人難以理解的符號遠超出被隱藏的眞相，也就是說，阿爾貝蒂娜的謊言掩蓋了某事物，它關乎另一個世界的秘密，戈摩爾（Gomorrhe）世界，夏呂斯的秘密[12]，索多姆（Sodome）世界同樣符合此說法。德勒茲曾如此地

---

[9] Marcel Proust, *A la recherche du temps perdu*, La Prisonnière, pp.349-350. 法文原文：「Je ne sais si c'était le cas pour elle, mais c'est une étrange chose, comme un témoignage, chez les plus incrédules, d'une croyance au bien, que cette persévérance dans le mensonge qu'ont tous ceux qui nous trompent. On aurait beau leur dire que leur mensonge fait plus de peine que l'aveu, ils auraient beau s'en rendre compte, qu'ils mentiraient encore l'instant d'après, pour rester conformes à ce qu'ils nous ont dit d'abord que nous étions pour eux. C'est ainsi qu'un athée qui tient à la vie se fait tuer pour ne pas donner un démenti à l'idée qu'on a de sa bravoure.」

[10] Cf., Gilles Deleuze, *Proust et les signes*, Chapitre IV : Les trois machines.

[11] Ibid., p. 16. 法文原文：「Les mensonges de l'aimé sont les hiéroglyphes de l'amour.」

[12] 夏呂斯所詮釋的不僅僅是男同性戀的世界，還涉及了施虐者與被虐者、諷刺與幽默的角色，此部份可參照德勒茲的*Présentation de Sacher-Masoch*。

說：「在普魯斯特著作中，人們終究會找到妒忌和同性戀的主要連結之證實，儘管他帶來一個全新的詮釋。」[13]（2014：167）嫉妒心在阿爾貝蒂娜的謊言中扮演著揭露秘密的重要角色，而這個秘密並非代表一個眞相被隱藏，被揭開的是一種令人無法理解的信仰，即謊言自身，其悖論將稍後進行論證。唯有這樣的信仰在精神裡才能對於愛的難解符號進行翻譯，展開另一個內在的外部世界。

相反地，當阿爾貝蒂娜離開了馬塞爾的時候，主人翁爲了促使她回到身邊卻利用謊言誘引阿爾貝蒂娜的妒忌，在信中編造了一個謊言：「我想過有一個人可能取代您是最好的人選，因爲她或許不會使我改變太多，正是您最常提起的那個人，安德萊，我已邀請她過來。」[14]（Proust, AP: 53）馬塞爾的謊言同樣地也掩蓋了某事物，不過這個事物只關乎這封信的內容是否爲眞相，因此，他的謊言顯然只不過是眞相的反面而已。那麼，愛人的謊言在此涉及了嫉妒心和私心在兩位主角的謊言裡之區別，阿爾貝蒂娜的嫉妒心是被馬塞爾自己的私心所誘發，這樣的妒忌與私心本質上是同一件事，僅遊走於眞或僞的二擇一之平面上。

謊言的兩個層級之意義，其一如馬塞爾的謊言，由私心所產生的忌妒心可能成爲愛的基礎之毀滅者，使得愛的符號返回至世俗符號，後者不是一種指示性符號，而是由其意義具有的價值、行動或思想所佔據，簡言之，世俗符號的建立是屬於中產階級的產物；另一，被愛者的謊言符號，當妒忌掀開另一世界的秘密時，便與世俗符號背道而馳，然而謊言自身卻

---

[13] Ibid., p. 167. 法文原文：「Et, chez Proust, on trouvera la confirmation d'un lien fondamental entre la jalousie et l'homosexualité, bien qu'il en apporte une interprétation tout à fait nouvelle.」

[14] Marcel Proust, *A la recherche du temps perdu*, Albertine disparue, p.53. 法文原文：「J'ai pensé que la personne qui vous remplacerait le mieux, parce que c'est celle qui me changerait le moins, qui vous rappellerait le plus, c'était Andrée, et je lui ai demandé de venir.」

歸屬於秘密之中。總歸一句，後者並非指涉一般由私心所建構的謊話，而是處於另一平面、另一世界的謊言自身（le mensonge à soi）。

（二）劣信仰（la mauvaise foi）[15] 與非（le Ne-pas）

然而，謊言是海德格所稱之爲「共在」（Mitsein）的一種正常現象。其假設我的存在、其他的存在、對於其他來說我的存在和對於我來說其他的存在⋯⋯透過謊言，意識肯定了自己本質上的存在，如同對其他隱瞞了它的存在，爲了它自己而運用了自我與他人的自我之本體論二元性。[16]（Sartre, 2014: 83）

我們可以比較沙特在《存有與虛無》中論及的謊言自身，其意味著對於世俗價值或既有秩序的提問；而其掩蓋的秘密則是，終究具有兩項系列的「重複」猶如中心偏移地往另一系列開展之初始力量，建構新的秩序。從沙特提出的二個對立的例子去理解什麼是謊言自身，或是沙特將此稱之爲的「劣信仰」，咖啡廳服務生的職場角色扮演和同性戀者自我承認同性傾向卻否認自己是雞姦者。根據沙特以「其所是者」（ce qui est）和「其所不是者」（ce qui n'est pas）爲論述基礎，前者不具有劣信仰，由於服務生對於客人的一致笑容、毋需加以思考的一貫標準動作、精確且迅速的手勢，這些符號顯然說明了他作爲一位餐廳服務生適得其所；然而，

---

15 關於此字詞「la mauvaise foi」，研究者通常沿用《存在與虛無》簡體中譯版本所翻譯的「自欺」，但在此筆者認為沙特提出的謊言自身（le mensonge à soi），於其自身具有特異、令人無法理解的信念或信仰，故譯成「劣信仰」，並且提出新譯詞的用意在於使得筆者和讀者對此概念重新思考和討論。

16 Jean-Paul Sartre, *L'être et le néant*, p. 83. 法文原文：「Mais c'est que le mensonge est un phénomène normal de ce que Heidegger appelle le『Mitsein』. Il suppose mon existence, l'existence de l'autre, mon existence pour l'autre et l'existence de l'autre pour moi⋯Par le mensonge, la conscience affirme qu'elle existe par nature comme cachée à autrui, elle utilise à son profit la dualité ontologique du moi et du moi d'autrui.」

另一個同性戀者的例子相對複雜，沙特將同性戀者面對自我性向時所產生的兩種心理狀態，其一，同性戀者在逃避批評者的攻擊之情況下承認自己「是」雞姦者，同時也否定自己（意謂承認同性傾向成爲一種性格上的缺陷），或許在這樣的心態下可以舒緩外界給予的心理壓力或罪惡感，不過這樣的心理狀態仍不屬於劣信仰，而是自欺行爲。另一，確認自己同性傾向者聲稱自己「不是」雞姦者，因爲其不是所是者、其爲所不是者，並非自欺行爲，而是具有另一種堅定信仰，此信仰如同上述提及的兩項系列之其一，但在劣信仰中從未將此視爲「劣」，甚至與另一普遍被認爲良好信仰（異性戀）並駕齊驅。

人們或許會將謊言或劣信仰當作是不好的、壞的、被否定的，這是因爲其本性建立於「非」的基礎上。根據德勒茲於《差異與重複》中論及海德格的「非」之概念，「非」不表示負面否定，而是存有（l'être）與存在者（l'eìtant）之間的差異。德勒茲在第一章也強調此「非」是一項提問，以及在第四章提出「成問題的理念」之概念，開啟了「非」與「知」的共在，而非對立，以及「學」與「問題-提問」的必要性之討論。甚至可以將「非」思考成，其使形成一個整體之潛在的另一半現身，換言之，當問題未經意識層而產生或被提出時，提問（questionner）的目的不在於解決問題或展現知的抽象形象，反而使得既有的知識體系動搖，身體感受到、凝思著新的、未知的東西，將會是諸多成問題的理念誕生的場所，「學徒期」只不過就是從這一些到另一些的理念之過渡期，不過正因此它與符號息息相關。

貳、瑪德蓮的味道與馬丹維爾的鐘樓

於本章節之中首要論述的基礎在於，以普魯斯特在《追憶似水年華》作品前半部談到大家耳熟能詳的瑪德蓮小糕點浸泡椴花茶的味道，使得故事的主人翁憶起兒時過往情節，以及馬丹維爾的鐘樓與夕陽一景促使主角的即興文字創作，而更進一步探討感性的符號與物質和「過去」時間的關係。

一、何謂模稜兩可的符號？

「每次收縮、每個被動綜合都是由符號構成的，在主動綜合中被闡述和被展開。」德勒茲在他的多本著作之中多次談論符號的問題，以及強調符號的重要性，例如《普魯斯特與符號》書中以《追憶似水年華》爲分析文本歸類出四種符號：世俗的符號、愛的謊言符號、感性的符號和藝術的符號；另外在《批判與臨床》（*Critique et clinique*）之中，大致上分成標量符號和感受的向量（強度）符號，前者又可區分爲四類：（1）本質上具指示性的感知或感覺的物理效應，如同在語言中的第一層次對於客體或物的指示和命名（la désignation）；（2）由我們有限的本性保留下來的某種被選擇的特徵，這就是抽象的符號。這一類符號與前一類密不可分，其意味著將給予客體一項符合其特性的意義，譬如：這是一隻狗，再賦予狗的本性特徵，這是在語言上對於意義的最終階段– 涵義（la signification）；（3）始終作爲結果的符號，我們將結果視爲一種目的，或是將對於結果的構思當作原因。德勒茲在這一點上舉出一個例子，「亞當認爲，既然果實是苦澀的，就不『應該』被食用」，我們由此命題可見，這是在道德層面的效應，抑或具命令式的符號：「不可以吃這個果實！否則……」；（4）最後一種標量符號則是具想像力的效應，「我們的感覺和感知使我們去考慮作爲最終因果的超感知存有，我們反而設想出這些在無限大形象中且影響我們的存有（上帝作爲無窮的太陽，抑或作爲君王或立法者之象徵）。這就是闡釋學或解釋的符號。」[17]（1993：173-174）簡言之，根據《康德的批判哲學》（*La philosophie critique de Kant*），我們的感覺、想像力作爲中介，使得認識能力觸及超感知存有[18]，足以創造概念，在此，德勒茲把像這樣的符號之建構歸結於時間的第一主動綜合下所產出的。

感受的向量符號，其意味著加強詞義的力量和具縮小力的束縛，標量符號必須與之相結合，可從上述四種所定義的符號結合成七、八種以上的符號意義，但本文一開始提及休謨的收縮力量，代表著由身體不斷地收縮進始終無法識別的符號及扣留在被動綜合之中，我們或許可理解成只能夠由被動自我（le moi passif）所抓取的符號，因此，德勒茲認爲也許應當在標量與感受的向量符號之間加入第三類型的符號，即模稜兩可的或易動搖的符號。這樣的符號大概在情緒上可見，如同沙特在《一項情緒理論的輪廓》（*Esquisse d'une théorie des émotions*）提及一種使得意識逐漸退位的情緒，正是感到「可怕的」情緒。「可怕的，不僅僅是對物的當前狀態，對於未來也是備受威脅，它延續至整個未來，以及掩沒未來，它在世界的意義上被揭露。可怕的，正是可怕作爲實質的質性，這是在世界裡存

---

[17] Gilles Deleuze, *Critique et clinique*, pp. 173-174. 法文原文：「Les derniers signes scalaires sont des effets imaginaires: nos sensations et perceptions nous font penser à des êtres supra-sensibles qui en seraient la cause ultime, et inversement nous nous figurons ces être à l'image démesurément grandie de ce qui nous affecte (Dieu comme soleil infini, ou bien comme Prince ou Législateur). Ce sont des signes *herméneutiques ou interprétatifs*.」

[18] Cf., Gilles Deleuze, *La philosophie critique de Kant*, p. 27. «L'imagination incarne précisément la médiation, opère la synthèse qui rapporte les phénomènes à l'entendement comme à la seule faculté qui légifère dans l'intérêt de connaître.»

在的一些可怕。因此，在每一種情緒裡，眾多由情感引起的前-緊張朝向未來，爲了以情感上的角度建構它。」[19]（2017：104-105）當有人莫名地感到不安而說出好可怕的時候，意味著某種未知的、突如其來的跡象與我們相遇或暴力地向我們襲來，然而什麼東西是可怕的？首先，意識會針對所看的、所聽見的進行邏輯性地搜索，透過自身的經驗翻找與其相似的形貌，並且透過想像力賦予它位置；其次，對此定義一旦產生相信，就會以謊言掩飾那令人無法理解的跡象，譬如：讓我們感到可怕的正是因爲我們可能從未見過，或可感受到其強度卻看不見，它存在卻令人難以理解且無法證明。這樣模稜兩可的符號於意識與非意識之間遍歷，我們可在諸多文學、藝術作品上尋得其蹤跡，譬如：這關係著《普魯斯特與符號》裡愛的謊言符號如何使感性的符號過渡到藝術的符號，以及模稜兩可的符號又如何在時間的第三綜合裡產生影響。

（一）感性的符號之雙重性

根據《普魯斯特與符號》對於符號的分類，讀者可以輕易地區分出屬於第一層級的世俗符號和愛的謊言符號，然而感性的符號和藝術的符號顯得最爲複雜難辨。我們可將浸泡過椴花茶的瑪德蓮味道和威尼斯的景色歸類於感性符號的一端，將貢布雷的鐘聲、馬丹維爾的鐘樓歸於它的另一端，前者總是讓馬塞爾的意識拉回「過去曾是」的兒時記憶，趨向世俗的符號或停留在物質的描述，後者則較趨向藝術的符號。對於普魯斯特而言，鐘樓或凡德伊的樂句總是勝過於瑪德蓮的味道和威尼斯的一磚一瓦，

19 Jean-Paul Sartre, *Esquisse d'une théorie des émotions,* pp. 104-105. 法文原文：「L'horrible n'est pas seulement l'état actuel de la chose, il est menacé pour le futur, il s'étend sur tout l'avenir et l'obscurcit, il est révélation sur le sens du monde. "L'horrible", c'est précisément que l'horrible soit une qualité substantielle, c'est qu'il y ait de l'horrible dans le monde. Ainsi, dans chaque émotion, une foule de protensions affectives se dirigent vers l'avenir pour le constituer sous un jour émotionnel.」

因為後者最終也僅僅在回憶中對於物質的描述罷了，如同在〈找回的時光II〉（Le temps retrouvé）篇章中所陳述：

> 於此觀點上，自然難道沒有把我放在藝術的道路上嗎？它本身不就是藝術的開端嗎？它往往要我在另一事物裡才認識到某事物的美，僅在貢布雷的鐘聲中才讓我認識它的中午，只在我們的水暖氣的碰撞聲中才認識到東錫埃爾的早晨。[20]（TR2, III: 889）

（二）重複與回憶

當男主角看見瑪德蓮糕點，僅覺得它的皺褶猶如貝殼外型，而浸泡過椴花茶的瑪德蓮味道才使他憶起兒時記憶。另外，從古典繪畫、文學作品等等認識威尼斯城市，這是屬於貴族階級的品味。然而，因人事已非而與記憶不相符的狀態下隨之瓦解，瑪德蓮的味道和威尼斯城市[21]僅剩下物質性的描述。反之，貢布雷的鐘聲、水暖氣的碰撞聲、馬丹維爾的鐘樓以及音樂家凡德伊的樂句透過想像力所喚起的記憶已經超越物質和回憶自身，

---

20 Marcel Proust, *A la recherche du temps perdu*, Le temps retrouvé, p.889. 法文原文：「La nature elle-même, à ce point de vue, ne m'avait-elle pas mis sur la voie de l'art, n'était-elle pas commencement d'art, elle qui souvent ne m'avait permis de connaître la beauté d'une chose que longtemps après, dans une autre, midi à Combray que dans le bruit de ses cloches, les matinées de Doncières que dans les hoquets de notre calorifère à eau?」

21 馬塞爾在阿爾貝蒂娜意外過世之後，與母親遊威尼斯，當初從藝術作品中認識的威尼斯那些景象已不再是他所認識的威尼斯，甚至令他感到痛苦地想遠離此地，根據他的描述：「我獨自待在這個已沒有好感的威尼斯，它令我感到如此寥寂、不實在，以及『Sole mio』之歌悠悠升起，如同對於我之前所認識的威尼斯之哀嘆，似乎以我的憂傷證明它已不復以往。」法文原文：「Cette Venise sans sympathie pour moi, où j'allais rester seul, ne me semblait pas moins isolée, moins irréelle, et c'était ma détresse que le chant de «Sole mio», s'élevant comme une déploration de la Venise que j'avais connue, semblait prendre à témoin.」(Marcel Proust, *A la recherche du temps perdu*, Albertine disparue, pp. 220-221.)

或者說相對於瑪德蓮和威尼斯則具有較少的物質性。由此看來，普魯斯特針對聲音（音樂或韻文）和留不住的瞬時光景（鐘樓、夕陽、地平線）展現想像力的無限擴張與變形，遠遠超越品味和，這也是本文中所強調的重點，想像力正是收縮的力量。因此，感性符號的雙重性意謂劃分成「過去曾是」（il était）的現在和「曾經已是」（il a été）的現在同時進行，在此我們須返回到本文一開始對於「重複」的討論來說明這兩種系列的時間運動，援引德勒茲的《柏格森主義》之中對於「過去曾是」和「曾經已是」的說明。

我們因此混淆了存有和在場者。然而現在不存在，或寧可說它是純粹的生成變異，總是在自身之外。它不存在，卻作動著。它自身專有的元素並不是存有，而是積極活躍或有效實用。過去則相反，應當說它已停止作用或不再實用。不過卻一直存在。它正『是』，『存在』於一種無效用與不活動的漠然狀態，如下述之意：它與在己存有混爲一談。既然它是存有的在己，以及存有保存於其自身的形式，就沒有人會稱它作爲「過去曾是」（il était）（與現在相反，存有被消耗且置於自身之外的形式）[22]（Deleuze, 2014b：49-50）

以重複和回憶的此觀點看來，在普魯斯特的《追憶似水年華》裡，有著時間的這兩種系列同時進行，其一爲「曾經已是」的現在，另一個則爲「就已過去的現在而言」（過去曾是）的現在，指向一般習慣的重複或已

---

[22] Gilles Deleuze, *Le Bergsonisme*, pp. 49-50. 法文原文：「Nous confondons alors l'Être avec l'être-présent. Pourtant le présent n'est pas, il serait plutôt pur devenir, toujours hors de soi. Il n'est pas, mais il agit. Son élément propre n'est pas l'être, mais l'actif ou l'utile. Du passé au contraire, il faut dire qu'il a cessé d'agir ou d'être-utile. Mais il n'a pas cessé d'être. Inutile et inactif, impassible, il EST, au sens plein du mot: il se confond avec l'être en soi. On ne dira pas qu'il «était», puisqu'il est l'en-soi de l'être, et la forme sous laquelle l'être se conserve en soi (par opposition au présent, forme sous laquelle l'être se consomme et se met hors de soi).」

經驗過的記憶。前者似乎藉由感性符號的元素喚起記憶，這個時間性屬於曾經已是的現在，意味著一種純粹表述的形式，當它朝向被動綜合深處的記憶時，將形成純粹事件（純粹過去），譬如：普魯斯特書寫貢布雷的中午或東錫埃爾的早晨，德勒茲將此稱作爲貢布雷的在己。

二、時間的空形式（la forme vide du temps）

時間的空形式無法單獨被討論，德勒茲擅長從詩的韻文、文學、藝術的例子談論此時間形式。前面的篇幅已討論了現在、純粹過去或純粹事件以及過去的悖論，時間的空形式在普魯斯特的作品中從何尋之？其重要性爲何？德勒茲提出「貢布雷之存有」，根據感性之符號區別出有感覺的存有和感性「之」存有，這不僅涉及純粹過去的概念，同時也須討論感受力。感覺、感知，在德勒茲思想中可分成屬於身體的細小感知和屬於意識的感知[23]，前者與被動自我有關，細小感知不斷地微分化，然而，後者與主動綜合有關，由意識主導區分化的分級分類。

（一）被動自我（le moi passif）

被動綜合的深處指涉什麼？本文一開始筆者已提及休謨的想像力，他認爲想像力就是收縮的力量，將其放置在被動的位置。根據德勒茲談論被動自我的方法，從笛卡爾到康德的「我思」（Cogito）不足之處，正是因爲將想像力、感受力作爲外部現象[24]，或是作爲認識能力和欲望能力之中介。不過，康德針對笛卡爾著名的句子：「我思故我在」（Je pense donc

---

[23] Cf., Gilles Deleuze, *Le pli*, Chapitre VII et VIII.

[24] 參見《差異與重複：法國當代哲學巨擘德勒茲畢生代表作》，頁：196。「笛卡兒只透過下述方式下結論，由於不斷地將我思（le Cogito）簡化為瞬時，並排除時間、在持續性創造的活動中將它交付給上帝。更加普遍慣常的是，我的假定同一性只有上帝自身的統一性作為擔保。」

je suis）提出質疑的同時，也創造出時間的另一種形式[25]。德勒茲爲了論證康德提出的被動自我與時間的第三種形式有關，將康德的感受力和被動的位置從再現的方式獨立出來，換言之，將這一項作爲中介的「可確定性」（le déterminable）作爲時間的空形式，在「我思」（le Cogito）裡開闢另一個先驗場域（un champ transcendantal）。

根據「我思故我在」的概念架構，由於我懷疑所以我思考（Je pense）爲何我存在，換言之，我存在是備受懷疑的、是未確定之存在（我在，因爲「爲了思考必須存在」），«donc»在此具有結果之意思，從結果反推至疑問，再由我思考去確定結果。換句話說，由於我懷疑所以我思考，因此我思考是已確定的，透過已確定的把「我存在」（Je suis）確定爲一個能思考的存有之存在。康德對於笛卡爾的批判在於，我思和我在若無中間項則無法直接表述其結果，總之，不可能使確定直接支撐於未確定之上。因此，康德在《純粹理性批判》中曾提及，不確定性的存在必須在透過「我思」成爲可確定性的形式下，而這便是時間的形式；以及對於我的存在，並非經由所有範疇自我認識，而是可思考的自我認識所有的範疇，且透過它們，在統覺的絕對統一性裡認識所有的客體，也因此是透過可思考的自我其自身。[26]這就是他將處於被動位置的自我加入笛卡爾的「我思」和「我在」之間的原因，也就是說，於確定性和未確定裡，加入可確定性的形式，亦即感受力、時間的被動綜合。如同德勒茲在《差異與重複》所談論的：

---

[25] Ibid.「應該將自我，亦即被動的位置（康德稱之為直觀的易感受性），加入「我思考」和「我存在」裡；應該將可確定性的形式，也就是說，時間，加入確定性和未確定之中。」

[26] 參見康德的《純粹理性批判》法文版。

> 我（le Je）如同被用一條裂縫貫穿:它由於時間之純粹和空的形式而裂開。在此形式下，它是出現在時間裡的被動自我之相關物。在我之中的一道斷層或裂痕、在自我裡的一種被動性，以上即意指著時間;而且被動自我和裂開之我的關聯性，建立了先驗的發現或哥白尼式革命之要素。（2019: 196）

如何理解德勒茲在時間綜合裡所強調的被動自我？此被動自我與意識中可思考的我（le Je）做出區別，它處於被動綜合之中，如康德所說的：「單純的統覺（自我）在概念中是一種實體」，雖然無法如同在具理解力的主動綜合裡的我一樣作動，卻正向積極地感受，這就是爲什麼康德認爲被動自我只會在概念裡停駐不前。不過，德勒茲曾經將此形容成在身體裡成千上萬的見證者，它經常讓人感受不到它存在，卻實在（réel），見證身體所感受、所收縮進來的跡象，卻不進行現實化的工作。筆者在上一小節剛論述被動綜合和「曾經已是」的現在皆與被動自我有關，倘若可思考的自我缺少了被動自我也將無法主動地認識自身的存在。根據德勒茲在《康德的批判哲學》指出康德爲何僅將感受力作爲中介，由於被動自我不具有綜合的能力，它將確定性的自我（思想）和確定的自我（可思之主體）區隔開來，但是對於德勒茲而言，被動自我卻將這個主體「le JE」（我）劃出一道裂縫，因爲對於「我」而言被動自我什麼也不是，它卻實在，因此將它稱作爲「時間的純粹或空形式」。

（二）若死亡作為一純粹事件

那麼，時間的空形式若與死亡有關，「空」是否意味著虛無？前半段已談論何謂純粹過去、純粹事件，再往前幾小節也談了不少與時間的第二綜合相關的概念，然而大致上知曉時間第一被動綜合總是朝向第二綜合，而一旦時間的主動綜合作動，被動綜合和第二綜合的結盟則有往時間的純粹與空形式（第三綜合）之強烈意圖。或許我們可以將第二綜合構思成那些不可回憶或是永遠被遺忘的記憶之內在空間，或許可以想像成某些從不被在乎或從未被意識的跡象被投入大海之中，那麼，第三綜合就如同一個無底之容器或是一種強度，前者是深不見底卻最表層的「基礎」，透過超驗練習將意義的另一面向提升至表面，然而，後者是完全無底的狀態，我們可以從德勒茲用來形容第三綜合的新創字「effondement」（去基底）看出端倪。

物質性生命的消逝對於其自身而言無疑地時間性已終止，相反地，死亡理念不指向一個有機生命體的死亡，如果它作為一純粹事件的話，而使得另一活著的某個東西往死裡重生，這正是思想。換言之，唯有在詩、文學、藝術所帶來的符號之中，死亡理念閃閃發亮，譬如普魯斯特筆下對於祖母的記憶[27]。在《普魯斯特與符號》第四章，德勒茲將第三類機器的能量稱作為振幅最大的受迫運動，而這項受迫運動與死亡本能及死亡理念混淆一起，因此，援引法國文學家布朗修（Maurice Blanchot）在《文學空間》（*L'espace littéraire*）提出觸及兩種面向的死亡觀念加以論之：

……死去，將不是死去，而是去改變死亡的事實，這裡的努力是為了教我們不要去否認盡頭、將我們置於最終令人震撼的內心深處，終究在不是死亡而是「靠近死亡，人們就不再看見死亡」之平靜安詳的肯定中完成。然而，我們，在經受某界限並維持在諸界線間的一種生命觀點之範圍

---

27 參見《差異與重複：法國當代哲學巨擘德勒茲畢生代表作》，頁：255。德勒茲對於普魯斯特面對死亡經驗的摘要：「此外，系列的共振有時候朝著溢出這兩者範圍的死亡本能開放:如祖母的皮鞋和記憶。厄洛斯被共振所建構，然而其朝向死亡本能而自我超越、被受迫運動的振幅所建構（這是死亡本能將在藝術作品中找到自己光榮的出身，在非意志記憶的情慾經驗之外）。」

內，「我們只看見死亡」。[28]（1988: 189）

德勒茲在《差異與重複》文中從「有人（On）死亡」的引文進行說明死亡的雙重面向，其一涉及我與自我的死亡，我們總是在消逝的現在遇見這個死亡，這是一般性與單一再現系統的面向，同時也是將死亡作爲生命界限去定義某事物；另一，無關「自我」，我們最接近死亡的那一瞬間，就是有人死去，這是一種非人稱、多重且特異表述的面向，譬如普魯斯特利用了第三者的敘述者來描述祖母喪禮和記憶之手法；或是亞伯拉罕在父愛與上帝的愛之弔詭關係下、在道德懸置下面對兒子的死亡，這是一種使「我」放棄且顛覆我的權力之死亡力量。總而言之，第二面向的死亡符合德勒茲的時間第三綜合之概念，即時間的空形式，抑或詩的一種「頓挫」，時間停止押韻於藝術作品裡現實化。如果沒有這樣的時間形式，第二綜合如同平靜的海面一般起不了漣漪，時間也將無法進行綜合，而僅停留在對於被給定的萬物之條件下進行分析，如同康德反駁笛卡爾的懷疑論，我質疑所以我思考、我提問，對於回答來說，這是一項綜合能力，其關乎感受力、想像力。因此，筆者將在最後一章節談論藝術的去與返運動，也就是德勒茲強調的藝術的符號。

[28] Maurice Blanchot, *L'espace littéraire*, p. 189. 法文原文：「… mourir, ce ne sera pas mourir, mais transformer le fait de la mort, où l'effort pour nous apprendre à ne pas renier l'extrême, à nous exposer à l'intimité bouleversante de notre fin, s'achèvera dans l'affirmation paisible qu'il n'y a pas de mort, que «près de la mort, on ne voit plus la mort». Mais, nous, dans la mesure où nous subissons la perspective d'une vie bornée et maintenue entre des bornes, «nous ne voyons que la mort.」

參、文學、藝術中的主體性

一、詩的頓挫（la césure）

荷爾德林曾說，「時間停止『押韻』，因爲它自一『頓挫』的兩端，不勻稱地被分配，據此，開始和結束不再一致。」時間的三種綜合正代表著主體化過程，我們可能只專注在德勒茲談顛覆或解-去既定或再現系統的力量，第三綜合不僅僅具有這樣的毀滅力量，同時也具備創建的能力，也就是使完全變形的力量，因爲頓挫正是裂縫的起頭、朝向特異性的開端。這樣的力量可從文學藝術創造尋得，例如詩的力量，要論述它之前，必須從法國哲學家和教育家賈寇托（Josephe Jacotot）的教學法談起。

（一）學習即興

首先關於賈寇托（Josephe Jacotot）的教學法，1818年他被派遣到荷蘭進行法語教學，致力於教導自己不知道的事物，也就是說，一位不知者可以教導他自己所不知道的東西。在賈寇托在的教學法中，「即興」扮演著一個相當重要的角色，同時也與創造力有關。例如：賈寇托向一名學生要求學蒼蠅飛行時，瞬間全班學生哄然大笑，賈寇托此時說：「不是大笑，而是應該說點什麼！」在這意義上，無論是模仿蒼蠅飛行的學生做出動作，或是作爲觀者的同學說出某些話語，每個人心中沒有摹本，如洪席耶在《不知道先生》[29]（*Le maître ignorant*）所論及：「學習即興，首先這是『學習自我挑戰』，挑戰那以謙遜來掩飾自己不敢在人前說話的無能而表現自傲的行爲，……接著學習開始與結束，學習自己做一個『全

---

[29] 筆者認為此書譯為「不知道先生」最為貼近書中內文談論教師教授他自己不知道的知識、談論學習與知識的解放，這是另譯的主要動機，其次，此書並無繁體中文版，又因簡體中文版的書名《無知的教師》容易使讀者尚未閱讀前而有所誤解或產生刻板印象。

體』，把語言圈在一個圓裡。」[30]（2016:73）換句話說，因為即興的狀態必須將自我放在最低姿態或是自我之外，使自己有能力畫一個圓，且每次的即興將會是畫另一個圓的開始與結束，如同尼采的舞蹈，卸下肩上的重擔，不斷地中心偏移地繞圓，意謂不固守在單一中心圓的知識系統下學習。

另一個例子，法國左翼政治家弗薩爾德（Baptiste Froussard）在他的教學生涯階段，得知賈寇托的教學法後，加入了一堂音樂課，他讓年輕學子以輕鬆愉悅的方式，將一些法文詩的片段即興演唱出旋律。被切出好幾段落的法文詩句，對於法文為母語的使用者來說，像是外來語一樣多麼地陌生。學習即興，正是悖離既定的知識系統，反而以趨近肯定偶然的身體細微感受為目的。

這些散亂的詩句透過即興的方式被吟唱出來，是詩的第一次轉譯，隨即以任何方式被記錄下，演出者重新聆聽自己的即興演出，或者是觀者以他所聽到、所見的，接著將其創造成另一首詩或一首曲子，這是詩的第二次翻譯。關於這樣的說法，我們可以參照洪席耶提出的問題：如何作為詩人？並且提及法國十七世紀著名劇作家拉辛（Jean Racine）學習古希臘悲劇詩人歐里庇得斯（Euripide）和古羅馬詩人維吉爾（Virgile），就像鸚鵡學舌一般。

（二）詩的力量：翻譯（*la traduction*）與反－譯（*la contre-traduction*）

拉辛力圖翻譯他們的文字、拆解他們的表達式，再以他的方式重新

---

[30] Jacques Rancière, *Le maître ignorant*, p. 73. 法文原文：「Apprendre à improviser, c'était d'abord apprendre à se vaincre, vaincre cet orgueil qui se farde d'humilité pour déclarer son incapacité à parler devant autrui – c'est-à-dire son refus de se soumettre à son jugement. C'était ensuite apprendre à commencer et à finir, à faire soi-même un tout, à enfermer la langue dans un cercle.」

構成。這是針對歐里庇得斯和維吉爾的作品進行第一次翻譯，第二次翻譯則是面對自己學習後所完成的創作。洪席耶以拉辛的例子指出詩的整體力量集中在兩個面向之下：「翻譯（*la traduction*）與反一譯（*la contre-traduction*）」，也就是說，「拉辛意識到翻譯的限度和反一譯的能力」（2016:118），即興演出、雙次翻譯、反一譯以及創造似乎是對於知識的解放最關鍵的要素。反一譯的「反」（contre）並非是翻譯的對立面，其這此具有潛在的涵義，翻譯若是最終的表現，那麼反一譯則是翻譯的感性存有力量。筆者以詩的力量呈現出主要問題：知識爲何需要被解放以及如何進行，藉由洪席耶重新思考賈寇托的教學理念，提出閱讀和翻譯的學習法對抗教條式的知識建構。因此，詩的力量總是造成問題的產生。根據洪席耶的論點，無論是說話、表演、寫作或甚至是閱讀都是一種翻譯，但這樣的翻譯僅在「反一譯」中取得意義。翻譯就像鸚鵡學舌一樣，然而鸚鵡總是處於即興之中，看似一字一句不斷重複的模仿，正是在這些不懂其意涵的字句中一邊拆解、一邊重組，建立起自己的新秩序後，第二次翻譯即創造。因此，我們不禁要問什麼是「反一譯」的力量呢？或許文言文是最好的例子，以莊子〈知北遊〉的一段句子爲例，「惛然若亡而存，油然不形而神，萬物畜而不知。」我們必須在圍繞著字與字之間的氛圍裡去感受大道的似有若無之存有，自然產生不成形跡而被凝思，萬物如何在此受到滋養而不需要知道？若無的存有、對於無形的凝思，這兩句話並無明確指涉的客體，任何的客體卻皆可在精神裡所領會的氛圍之中，以翻譯的方式被表達、被轉述其中的一種意義。簡言之，「反一譯」的力量並非與翻譯相對立，而是具有潛在的力量，它使得「譯」能保持在即興的狀態，且不斷地提問。

二、藝術的去與返運動

（一）錯誤

詩、文學或藝術創作皆具有頓挫或錯誤的力量，其顛覆既有的規則秩序，以及創立之能力。我們可以從許多藝術作品之中看見以「錯誤」之名挑戰了原有的秩序及部屬，譬如矯飾主義，聖母和耶穌的位置不再以正面端正地面對觀者，畫面色調灰暗和構圖傾斜不再講求文藝復興的色調柔和、整體均衡，局部光線不再聚焦於主角，與文藝復興的全局光相違背，這些都被稱作爲錯誤。不過，這種挑戰亦非一般性的顚覆行動，例如過於簡單地將一切表象視爲謊言，而做出的揭弊、批判等等。因此，這種錯誤、不合時宜卻是肯定式的幽默（並非對自相矛盾做出諷刺），換言之，不以負面否定的去除（二擇一）原則爲前提，而是對於一做出「一種」時間之時空活動力的狀況條件一持續再提問，正如德勒茲所言：行動，對抗時間，以及因此關於時間、考慮到（我所願）的一種將臨之時間。

（二）作品之存有

關於「將臨之時間」，不是可預期的一般性未來，而是涉及「生成、變異」（devenir），也就是時間的第三綜合；「我所願」則指向「我」的完全變形、「願」之潛在性力量。簡言之，「不合時宜」（intempes-tif）的力量，非意味著戰勝「主流」或者是獲致其「成爲-主流」之社會定位、建立一個新的恆定性系統，對於德勒茲而言，這只是奴隸戰勝主人而取而代之，新上位的主人終將會被新的奴隸取代。相反地，它是一種推動或形成無限系列的力量，它的潛力如同一種源頭，各種不同的、異質的秩序因而不斷地湧然而生。這種對恆定的結構系統提問的力量，即藝術作品具有對抗「單一再現化」之表現能力，並關乎「事件的雙重性結構」：其「現實化（現實）」與其「反現實化（潛在）」共構而成實在性自身，因此，時間的空形式不是呈現「無」時間，它永遠都處於尚未到來、即將到來。

當植物已長成時，我將如種子一般死去，而且感到自己無意中就是爲它而生的，以前，當我坐在書桌前想不到主題寫作時，從來就不會覺得我的生命應該與我打算撰寫的書有關聯。因此，我的整個生命走到這一天，或許能也或許不能在標題下被總結：一種使命。它若不能這麼做總結，是因爲文學未曾在我的生命中起到任何作用。它若能夠這麼做的話，則是在於此生命、諸多傷心與喜悅的回憶構成了類似胚乳的儲存，留在花木的胚珠裡，其汲取養份以變成種子，一株植物的胚胎在人們尚不知悉的這個時刻發育成長，而它卻是秘密的化學與呼吸現象十分活躍之處。我的生命正如此與導致其成熟者有關。[31]（Proust, TR2:901）

在《查拉圖斯特拉如是說》裡有一句話：「你的果實已成熟了，可是你呀，對於你的果實而言，你尚未成熟」，正呼應普魯斯特的這番話。成熟的胚胎或果實具有內在的強度量，其力量正是在藝術創作的道路上對於秩序的打亂、使得時間脫離軸節，它的成熟使得我們的主體性持續微分化、處在進行著個體化的階段，這是差異。第三綜合的力量如同一首詩或

---

[31] Marcel Proust, *A la recherche du temps perdu*, Le temps retrouvé, p. 901. 法文原文：「Comme la graine, je pourrais mourir quand la plante se serait développée, et je me trouvais avoir vécu pour elle sans le savoir, sans que jamais ma vie me parût devoir entrer jamais en contact avec ces livres que j'aurais voulu écrire et pour lesquels, quand je me mettais autrefois à ma table, je ne trouvais pas de sujet. Ainsi toute ma vie jusqu'à ce jour aurait pu et n'aurait pas pu être résumée sous ce titre : Une vocation. Elle ne l'aurait pas pu en ce sens que la littérature n'avait joué aucun rôle dans ma vie. Elle l'aurait pu en ce que cette vie, les souvenirs de ses tristesses, de ses joies, formaient une réserve pareille à cet albumen qui est logé dans l'ovule des plantes et dans lequel celui-ci puise sa nourriture pour se transformer en graine, en ce temps où on ignore encore que l'embryon d'une plante se développe, lequel est pourtant le lieu de phénomènes chimiques et respiratoires secrets mais très actifs. Ainsi ma vie était-elle en rapport avec ce qui amènerait sa maturation.」

一部文學作品的強度，它總是呈現出成問題的，使得第二綜合深不見底的基礎上升至非意義的表面，成爲可被表述或具表述性的意義。

肆、結論

德勒茲的三種時間綜合與符號的必然關係，在普魯斯特的作品中可見其關係之轉變，譬如：被愛者的謊言符號開啟了一條朝向處在被動綜合的感性符號之路，以及感性符號的雙重性作爲時間的空形式之重要因素。本文前半段以德勒茲對於休謨和柏格森的重複觀點，強調想像力、潛在客體、被動位置在時間綜合裡扮演著重要的角色，以現在時間、習慣的兩種面向，談論與過去和未來的時間性。簡言之，時間的第一綜合，即主動和被動綜合，處於完全疊合的狀態，被動綜合是最聒噪的無聲者，因爲它最積極且不斷地收縮。除此之外，分析沙特的劣信仰和自欺的差異，其差異涉及謊言自身的哲學思維。後半段則以模稜兩可的感性符號再度強調感受力在時間的空形式中的變形力量，以及討論受迫運動和死亡理念若不在藝術作品中被實現，則什麼也不是，反之，它們的現實化成爲藝術去與返運動的主要施動者。

時間的純粹與空形式雖然是德勒茲在時間概念裡特別強調的時間綜合，但若不透過主動綜合進行創建，它是不可被感受的。在德勒茲的思想中，並非僅存在對於既有知識或系統的打破或消除，因爲推翻了一個暴政，只不過是換上另一個作爲暴政的統治者，相反地，對於德勒茲而言，「創立，就是使完全變形」（2019:196），這樣的變形就是藝術的去與返之力量。

參考文獻

Bergson, Henri (2012). *Matière et mémoire*. Paris : Presses Universitaires de France.

Blanchot, Maurice (1988). *L'espace littéraire*. Paris : Gallimard.

Deleuze, Gilles(1993). *Critique et clinique*. Paris : Les Éditions de Minuit.

--- (2002). *Logique du sens*. Paris : Les Éditions de Minuit.

--- (2014a). *Proust et les signes*. Paris : Presses Universitaires de France.

--- (2014b). *Le Bergsonisme*. Paris : Presses Universitaires de France.

Proust, Marcel (2012). *À la recherche du temps perdu*. Paris : Gallimard.

Rancière, Jacques (2016). *Le maître ignorant*. Paris : Fayard.

Sartre, Jean-Paul (2014). *L'être et le néant*. Paris : Gallimard.

--- (2017). *Esquisse d'une théorie des émotions*. Paris : Librairie Générale Française.

吉爾・德勒茲（2019）。《差異與重複：法國當代哲學巨擘德勒茲畢生代表作》。新北：野人文化。

Deleuze's Synthesis of Time — Paradox of Time about *In Search of Lost Time* by Proust

Chien-Chiao Liao

Ph.D. candidate at University of Paris 8 in French

Abstract

The research of the thesis is based on the conceptions of the syntheses of time according to Gilles Deleuze, by analyzing the temporality of memory and of the pure past that Proust described in his work, *In Search of Lost Time*, which is mainly taken for the object. The syntheses of time concern the *Critics* in Kant, as well as the theory of the Cogito, of time and of the transcendental, Deleuze therefore demonstrated the subjectivation which touches the poem, literature and art, and moreover the being of the work of art.

Problematic: All the research undertaken from Repetition in Hume and the paradoxes of the past in Bergson, to ask the following questions: What role do the body and the material play in the syntheses of time? Why does the empty form of time refer to the Idea of death? How is today's subjectivity engendered in the power of the caesura brought about by the poem, and in the literary and artistic work?

The principles of the method: rethinking through the Cogito according to Kant – the time, the passive self and the virtual object by citing memory and lies in *In Search of Lost Time* as an example. This method is based on Deleuze's work, *Difference and Repetition*, we will demonstrate, from his point of view about the taste of madeleine, the sound of bells, steeples and short musical Phrases ... etc., the sensitive signs and the paradox of time between the past and the present according to the being of Combray. In short, the conclusion of this research is based on our asking a question about what the power of forgery is in a work of art, for example, the demonstration of improvisation, language and untimely (non-sense): it emerges from Rancière's point of view that the power of the caesura relates to the poem.

Keywords: syntheses of time, Difference, Repetition, caesura, passive synthese, pure past, Idea of Death, pure and empty of time, Habit, Memory, Being of the Sensible, lie to self, passive self

日本研究的哲學探問：以神話、夏目漱石、鶴見俊輔為例

林盈銓

大葉大學、中山醫學大學通識教育中心兼任助理教授

摘 要

本文是對哲學跨領域思考的初步嘗試，企圖透過回顧日本思想與歷史的幾個重要關鍵點，釐清其內涵及政治影響。這幾個關鍵點包括：大和政權以「神話」強調自身正當性並神格化其領導人，創造了所謂「神國」及「萬世一系」的天皇傳承；明治時代日本銳意西化，但在作家夏目漱石看來是虛有其表；因爲內在的空虛，使得日本更加想用戰爭證明自己，並將神話思想轉變爲戰爭的後盾；另依鶴見俊輔所言，當時主導的「國體」思維其實是日本因「鎖國性」所造成的自卑感，而這種自卑感卻演變成優越感，成了侵略亞洲諸國的藉口；最後，在戰後因戰爭責任消解，日本左與右之爭持續進行，甚至在台灣亦能看到其活動痕跡，可見這些問題離我們並不遠。

關鍵字：日本神話、神國、明治精神、國體

壹、前言

本文的問題意識源於本次研討會主題「哲學跨領域：跨領域的對話與發展」，[1]以及筆者多年的開課與思考。由於地理位置的相近及歷史因素，日本成爲台灣人最感興趣的國家，不只赴日旅遊人次排名第一，[2]日本品牌的百貨商場、飲食、衣著等大舉進駐台灣，坊間充滿各種日本商品或販賣「日本味」的產品，[3]介紹日本文化的書籍與文章更是多不勝數。台灣人已漸漸不再使用「哈日」這個詞，因爲這種對日本的情感早已「內化」了；例如，我們的媒體對日本重大新聞（主要是災害或社會新聞）的關注勝於其他鄰近國家，規格甚至直逼國內新聞。

這種對日本的喜好甚或狂熱的現象可以從很多角度切入。從外在條件而論，如日本整潔與舒適的環境、良好的治安、相近的飲食習慣（同爲米食文化、調味方式亦高度相似）、各種精緻與功能齊全的產品、豐富的ACG（動畫、漫畫、電玩）產業、匯率的優勢等等。但更重要的其實是「內在」的東西，即那些物質文明的背後藏了些什麼，是什麼在吸引我們、又是爲了什麼？

一般來說，我們可以籠統地用「文化」這個概念來涵蓋這諸多內在

---

1 本文原題為〈歷史、政治與思想的哲學探究：以日本研究為例〉發表於中國哲學會2019「哲學跨領域：跨領域的對話與發展」國際學術研討會（2019.10.26），因原題目過大，在匿名審查人與筆者的考量下，更改為較切合主題的名稱。

2 依交通部觀光局「108年1月至8月中華民國國民出國目的地統計」（2019.9.25），民國108年一至八月我國國民赴日人次累計達3,409,384人次之多，為各目的國中人數最多。順帶一提，在訪日外國旅客中前五名依序為中國、韓國、台灣、香港、美國（資料來源：JNTO〔日本政府觀光局〕報表）。

3 如以「日式○○」為招攬，或刻意在包裝印上大量日文（甚至比中文字還大）的「偽」日本商品。乃至觀光地區刻意興建的「日式建築」。有些固然呼應了台灣的歷史發展軌跡，但亦不乏炒短線、粗製濫造的建築。

與外在的活動和現象。於是有許多以介紹日本文化為目的的通俗書籍，在學術上則以文化研究為主流。但就哲學的立場而言，我們需要問的是更深層的問題，也就是從「思想」的角度去分析其發展脈絡，或者作出批判思考。如此，不但有機會提供上述「為什麼吸引我們」這問題更根本的答案，也能同時與其他領域，如文學、歷史學、政治學等對話，達到「跨領域」的可能。

此外，再回到開頭所言的，這篇文章起源於筆者開課與授課中所形成的問題意識，因此本文所希望達成的，不只是跨領域的初步嘗試，也包括了與潛在修課學生的對話。筆者希望透過課程安排與問題的提出，讓現今的大學生能夠理解，這種對其內在「思想」的探問，可以同時是哲學的、歷史的、文學的、政治的，甚或是其他本文所未能提及的領域（好比地理與氣候、生態等主題），要認識一個文化或國家，需要的必定是此種整全式的理解。而用以統整這些不同領域的思考核心，其實便是哲學的探問。我們在這邊所用的並不是艱澀的哲學術語，而是將探問的態度、對思想線索的釐清與分析、批判思考等，作為一種「哲學精神」貫穿其中，證明哲學思考的力量。

既是跨領域，此一主題所涉及的問題當然相當龐大。在本文中，筆者想透過對日本歷史幾個發展關鍵點的粗淺探問，嘗試點出之間連結的線索，或許便是哲學跨領域的可能方向。

貳、從神話到「神國」的誕生

首先，關於日本歷史第一個需要留意的是對日本「誕生」的記載，此段歷史透過日本「誕生」的神話而形塑了大和皇室的權威。原本，日本和許多地方一樣，可能在舊石器時代就開始有了人類活動，接著歷經新石器石代、具備製作陶器能力的繩文時代等等，再經過數世紀的小國林立與彼此征戰，最後才產生大型國家。但在其史書中，卻是從「神話」、從日本列島的誕生開始記載的。

記載這段歷史的兩部書便是西元（以下同）712年完成的《古事記》（太安萬侶著）與720年完成的《日本書紀》（舍人親王等撰）。這兩套書合稱「記紀」，是日本神話系統化的開始，其神話雛型可能來自中國或朝鮮，再加上日本當地的傳說或歷史揉雜而成。作爲日本第一部正史的《日本書紀》開頭便是「古天地未剖，陰陽不分，渾沌如雞子……」[4]，《古事記》亦是從「天地始分」開始講；「記紀」兩書的前段記的都是神話，其諸神名稱與故事雖有出入，但大抵上是爲了交代日本的誕生與皇室的出現：其梗概是日本列島由神所造，且當中最爲尊貴的是「天照大神」（又稱天照大御神，アマテラスオオミカミ），其形象爲太陽女神，是神界「高天原」的統治者，之後，天孫「瓊瓊杵尊」降臨，成爲人間「葦原中國」（即日本）的統治者，接著便由其子孫世世代代統治日本。

這神話最值得注意的一段插曲是「出雲讓國」的故事。故事主角「大國主命」爲「素盞嗚尊」[5]的後代，是一位善良的神，本爲兄弟八十神所奴役和欺負，直到有次救了慘遭鯊魚剝皮的因幡白兔（稻羽之素兔），因此得到白兔及其他神的幫助，歷經遭兄弟謀害又死而復生等辛苦，終於娶到八上比賣（八上姬、公主），並在出雲[6]建立國家。然而這個賢能的大

4 《日本書記・神代上》，標點為筆者所加。

5 即「須佐之男命」（《古事記》中的稱呼），為創造日本群島之伊邪那岐、伊邪那美之後代，天照大神的弟弟，曾因觸怒天照大神而引發「天之岩戶」事件，以及殺死八岐大蛇等事蹟，在神話中極為重要。

6 日本古地名，今島根縣東北。

國主命，卻在天照大神多次派遣使者之後，把國家讓給了天照大神的後代。[7]這段賢能善良之神願意讓出國家的故事，用意即在顯示天照大神的尊貴與其後代統治日本的正當性，所以不依天照大神的指示就是惡事（武光誠，2007：158），終究逃離不了歸順屈服的命運。在這個故事中，其實大國主命便暗喻日本各地的豪族，而天照大神及其降臨人間的子孫凌駕於其上，日本皇室的權威是不可取代的。

其實「記紀」本就是由天皇所下令編撰，[8]用意是爲了顯示皇室的正統性，如《日本書記》是天武天皇在「壬申之亂」[9]取得勝利即位後所下令編撰；《古事記》則旨在整理先前的傳說，形成統一的記載。因此，兩部書最大特色除了開頭的神話之外，就是前面十幾代天皇的存在都是可疑的，[10]其年代也經過編寫者刻意的灌水，連日本的歷史學者都不予採信。事實上，就連「天皇」這稱號，都直到第三十三代的推古天皇（593-628在位）才確立，而這正是大和皇室[11]在建立統一國家後爲顯示其宗教權威所用的稱號，而神話當然也就融合了不同地區的系統；不只領土統一，連神話中的日本也是統一的。[12]

---

7 完整故事見《古事記》35-58節（太安萬侶，2018：62-86）。

8 《古事記》由元明天皇（661-721在位）下令太安萬侶編撰；《日本書紀》由天武天皇（大海人皇子，673-686在位）下令舍人親王等撰。

9 壬申之亂（672）為大海人皇子與大友皇子（弘文天皇，648-672在位）叔姪間為爭奪皇權所引發的內戰。叔叔大海人皇子得勝後在第二年（673）即位，便是天武天皇。

10 第一任「神武天皇」至第十四任「仲哀天皇」都是虛構的，第十五任「應神天皇」才是信史的開始，見呂理州（2016），頁25。第二任到第九任天皇共八代甚至什麼也沒記載，成為「闕史」，見坂本太郎（2008），頁40。

11 另外要說明的是，後世習以「大和」作為日本代稱，其實「大和」為古地名，約在今奈良一帶。因而大和政權、皇室指的便是以當地為中心的部族。

12 依松村武雄所言，日本神話由「高天原系」（即天照大神後代『天孫』降世的故事）、「出雲系」（即前述大國主命故事的由來）、「筑紫系」（在九州）三大神話圈融合而成，象徵的是大和族對兩部族的征戰與統一的艱辛。見坂本太郎（2008），頁37-38。

說穿了，這段日本早期歷史或神話的記載，是基於政治因素所完成的創作。沒想到這樣的文獻卻建立了所謂「萬世一系」的天皇體系，讓日本以「神國」自居，影響了日本超過一千兩百年，[13]足見其影響之深遠。

參、夏目漱石論「明治精神」的消逝

在此容我們跳過中間大約千年的歷史進展，將焦點集中在日本從明治時代（1868-1911）到中日戰爭後的演變。儘管大和皇室透過神話建立了「萬世一系」的天皇體系，讓日本不會出現像中國的改朝換代或歐洲那種王室更迭，但其宿命卻是天皇不斷被架空，政治權力接連掌握在擁有實力的旁人手中。先是平安時代（794-1185）由藤原家爲主的外戚建立了「攝關政治」，[14]後是由武士階級建立「幕府」的武家政權，[15]有千餘年的時間皇權旁落，直到幕末（1853-1867）才有所改變。

這改變的契機便是著名的「黑船來航」（1853）事件，美國派准將培里（Matthew Perry, 1794-1858）率軍艦駛入江戶灣，向當時鎖國的德川幕府叩關、要求開放通商口岸與進行貿易，結果引發了日本國內的全面動盪，最後由德川幕府宣布「大政奉還」，政權交還給天皇，[16]才帶來了明

[13] 即從《日本書記》成書的720年到日本戰敗投降的1945年，尤其是1946年元旦裕仁天皇發表《人間宣言》，宣示他是人類而非「現人神」（下凡到人間的神）最為關鍵。

[14] 即由身為天皇岳父的大臣逼迫天皇退位，再由年幼天皇即位，讓大臣（年幼天皇的外公）藉「攝政」、「關白」等名義掌握朝政的體制。

[15] 源賴朝（1147-1199）為此制度的開端，創立了鎌倉幕府（1192-1333）；其後足利尊氏（1305-1358）建立了室町幕府（1338-1573）；最後是德川家康（1543-1616）建立的江戶（德川）幕府（1603-1867）。幕府的首領皆以「征夷大將軍」的名號建立政治機構，故稱「幕府將軍」或「將軍」。

[16] 另根據一般的說法認為，此時日本實質上是由元老共同輔佐天皇作出決議的「元老政治」。所以在此我們指的只是相對於攝關政治、武家政治而言。當然，就算從世界歷史來看，各國的君權罕有絕對者，如中國曾有丞相制、英國曾有樞密院等。

治時代一連串的維新運動。從幕末到明治時代的歷史發展自是十分精彩，但在此限於篇幅無法詳述，筆者想把重點放在形成此時期思想主軸的所謂「明治精神」上面。

明治時代可說是一個狂飆的時代，不僅是幕府的終結，日本在這時由封建改爲中央集權（廢藩置縣）、由階級社會改爲平等社會（四民平等）、由以農立國邁向工商產業的勃興，沒有一項不是翻天覆地的大改變。明治政府爲此投入了無比巨大的資源。[17]如此銳意西化，經過短短三、四十年的時間便見成效，透過戰爭展現其實力，在甲午戰爭（1894-1895）、日俄戰爭（1904-1905）接連打敗了清朝與俄羅斯兩個大國，令西方諸國刮目相看，一舉躋身強國之林。

然而這種「明治精神」竟得透過戰爭來驗證，除了表示日本落入了「非狼即羊」（即奉行帝國主義或淪爲殖民地）的二分法陷阱外（戈登，2008：150），也因爲此種「硬撐」而逐漸暴露出日本「外強中乾」的問題。活躍於當時、有「國民作家」美稱的夏目漱石（1867-1916）[18]便在其連載於日俄戰爭後的小說中多次道出犀利的批判。如1908年連載、1909

---

17 如明治初期1871年十二月派遣由岩倉具視（1825-1883）率領的「岩倉使節團」，當中包括四十六名政府官員，以及六十一名隨員及留學生，共一百零七人，歷時一年九個月，考查美、英、法、德、義、俄、荷等十二個西方國家。這四十六名官員包括了日後被評為明治功臣的木戶孝允（1833-1877）、大久保利通（1830-1878）（兩人與西鄉隆盛被稱為『維新三傑』）、伊藤博文（1841-1909）等人，皆屬領導階層，可說是把「一半的政府（官員）」都派出去了，在明治政府尚不穩定，且財政亦無餘裕的情況下如此投入重本，堪稱人類史上的創舉。見呂理州（2016），頁308-321。而當時日本政府亦被稱為「留守政府」，見井上勝生（2015），頁236。

18 夏目漱石的作品曾被選入教科書，其肖像亦曾印在最常見的壹仟日圓紙幣上（1984-2007發行）。而其出生年約當明治時代開端，辭世則稍晚於明治時代結束，堪稱明治時代的代表作家。夏目是東京出身的道地「江戶子」，東京帝國大學英文系畢業後曾赴四國、九州等鄉下地區任高中教師，1900年受政府指派赴英留學，1902年歸國執教，1907年放棄東京帝國大學與第一高等學校的教職，受朝日新聞社聘任專事寫作，在人生的最後十年留下多部代表作品。夏目擅長徘句與漢詩、主修英國文學，學術背景再加上豐富的歷練，使其不只是一位作家，亦能寫出一流的評論。

年出版的《三四郎》藉書中人物廣田老師說：「這副長相，這麼無用，即使日俄戰爭打贏了而上升爲一流強國，也是無濟於事的。」（夏目漱石，2001a：35）緊接著在1909年連載、1910年的《後來的事》（それから）也藉主角長井代助批評當時日本的「不健全」：

還有什麼國家像日本這樣窮得一身是債嗎？……日本這個不向西方國家借錢就無法自立的國家，竟然要以一等大國自居，硬是要擠到一等大國中去。所以，它只好削足適履，限制各方面的深入發展，從面上鋪開一等大國的規模。如此勉爲其難的樣子，更令人感到可悲，不啻是青蛙同牛逞強。……你可以觀察一下在我們每個人身上出現的反響。國民受著這種西方施加的壓迫，便無暇用腦子，無法好好工作。教育上的愚民方針，使國民目不顧地幹活，導致了整體性的神經衰弱。你看看大家的言行，基本上是愚蠢的，除了自己本身的事以及自己眼前的事之外，腦子裡什麼也不想。因爲勞頓使他們無法思想。精神困憊和身體衰弱，不幸同時降臨，而且道德的敗壞也接踵而至。騁目整個日本，能找到一寸見方的土地是沐浴在光明中的嗎？（夏目漱石，2001b：105）

《後來的事》的主角代助是一位受過大學教育且家世良好的知識分子，在當時本可出來任事，卻寧可當一個仰賴家中資助、沈浸於讀書與看劇等知性享樂的「高級遊民」，這段話是他與好友激辯爲何不出社會做事所說，而理由正是對當時日本（國家與社會）的失望。事實上，日本儘管號稱贏了日俄戰爭，付出了八萬條性命的代價，卻沒有從俄羅斯手上得到多少好處。[19]夏目漱石的悲觀，不只是對當時準確的觀察，也道中了之後日本的演變。對他而言，日本雖在戰爭中取得了不同以往的地位，但這就有如青蛙鼓起肚皮一樣只是逞強；實際上「明治精神」已經墮落，而且更嚴重的是日本國民精神疲累、腦袋愚鈍，連道德亦因此邁向墮落，這是「生活欲的高壓促使了道義欲的崩潰。」（夏目漱石，2001b：141）在另一部更晚的作品《心》（こころ）（原發表於1914年）中，夏目則描繪一個因昔日感情問題導致好友自殺、爲此深受良心譴責的主角[20]說：「假如殉死的話，我打算爲明治精神而殉死。」（夏目漱石，2014：270）以此表示主角對自己有違「明治精神」、對自己當年自利行爲深深的懺悔。

因此，日俄戰爭雖使日本在國際聲望上達到頂峰，但亦可視爲一個分水嶺。夏目漱石藉小說角色之口所道出的批判，當然不只是小說情節而已，而是一個深切體會到日本當時病癥的知識分子，透過文學所發出的喟嘆與預言。明治精神已逝，日本的領導階層已失去了幕末到明治維新以來那種特質，日本的方向也因此轉變了。[21]

---

19 日俄戰爭中，日本戰死與病歿的軍人超過八萬人。日本儘管在攻打旅順、黃海海戰、奉天會戰等各場戰役中獲勝，但因軍費支出而大量發行國債造成財政問題，俄羅斯國內的革命亦醞釀爆發，因此兩國都是因無力再戰而接受美國出面調停的。因為這個緣故，日本在《樸資茅斯和約》中並未得到賠款、割讓的領土亦只取得樺太（庫頁）島南部。

20 《心》的結構為大學將畢業的「我」與一位具有相當學識卻與妻子隱居度日的「老師」相識往來，逐漸解開其內心謎團的故事。「我」只是旁觀的敘事者，「老師」的遭遇與所思才稱得上是主題，後者才是小說的主角。而「老師」的設定近似於《後來的事》中的代助，亦是一「高級遊民」。但其謎團到最後一部〈老師和遺書〉才真正解開，老師在遺書中自述，年輕時父母早逝，遭叔父侵佔遺產，以及奪走好友所愛（突然搶先向女方母親提親）導致對方輕生，雖如願娶到現今的太太，內心的罪惡感卻未曾消逝等事。

21 如鶴見俊輔便認為，明治時期日本的領導者繼承了維新志士那種想要努力趕上西方、勤勉質樸的特質，這使他們亦能以清醒的腦袋面對與俄羅斯的停戰與和談。但在戰後的新領導者便開始變質，如有功者以「華族」自居便是一例。見鶴見俊輔（2008），頁15-16。

肆、「神國」再現與「國體」

在探討神話的建構與明治精神之後，接著值得注意的便是其後日本逐漸邁向侵略戰爭，也就是這隻「青蛙」如何鼓起肚皮、將自己撐得更大的一段歷史。由這段發展，可以看見前述的「神國」思想如何結合當時的形勢，讓明治時代的「精神」或者思想，轉變成了另一種面貌。

在日本，有不少學者在探討歷史中某段思想發展時，習慣以「精神史」爲名，那是因爲他們有意避開狹義的思想史（探討體系化的『思想』），希望呈現更廣泛的、民眾的意識與活動（李尚霖，2008：xv）。這種「精神史」的進路，毋寧說更接近當時社會實際發展的面貌，也更貼近當時的人們，可說是一種將歷史事實（當時人們實際活動）與思想層面（隱含在後的意識形態）充分結合的方法，很適合我們用來回顧這段歷史，也可作爲哲學與其他領域結合的範例。例如，哲學出身的鶴見俊輔（1922-2015）便是其中代表人物。[22]

在明治時代之後，日本經過了短暫的大正時代（1912-1916）。大正時代素有「大正民主」、「大正浪漫」之稱，是在狂飆的明治時代之後，民主政治與文藝得以發展、百姓獲得喘息的時期。但隨著大正時代的結束，日本便加速地邁向難以挽回的毀滅之路，即一場長達十五年的戰爭。

「十五年戰爭」是鶴見俊輔所提倡的說法，指的是從1931年的「九一八事變」（日方稱『滿洲事變』）到1945年日本無條件投降的

---

[22] 鶴見俊輔家世顯赫，後藤新平（1857-1929）是其外祖父，其父鶴見祐輔（1885-1973）亦為連任國會議員多年的政壇中堅。俊輔年少早熟，小學時便出入風化場所、十二歲患憂鬱症、自殺未遂，中學兩度遭退學，十六歲（1938）被其父送至美國讀書，翌年（1939）入哈佛大學哲學系就讀，曾師事卡納普（Rudolf Carnap, 1891-1970）、蒯因（Willard van Orman Quine, 1908-2000）等名家。1942年被聯邦調查局（FBI）逮捕、拘留，畢業論文是在拘留所中完成的；同年畢業返回日本。（資料來源：ウィキペディア、ブリタニカ國際大百科事典。詳見文末參考文獻。）

十五年，[23]此一史觀近年逐漸爲日本的歷史學者所採用。「十五年戰爭」的史觀是爲了抗衡日本過去將昭和時期一系列戰爭分成各階段的說法，如他們稱1931是「滿洲事變」、1937是「支那事變」爆發、1941是「大東亞戰爭」[24]爆發，用這樣的方式企圖讓人產生戰爭並不連續的錯覺；但鶴見指出，實際上日本自1931年起就一直處於隨時可戰的備戰狀態，而且這場戰爭是在現代「總體戰」、即動員全國一切人力物力支持戰爭的概念下的產物，這十五年當然應該視爲一個連續的整體來看，而且應該以「精神史」的方式去分析這十五年中日本的轉變。這便是鶴見俊輔在《戰爭時期日本精神史》一書中的主軸。

在本文的第二節我們曾提到，因爲大和皇室的用心而造就了日本的神話，而在戰爭時期，就能看出這套神話對日本的影響。這裡所指的，主要便是在戰爭時期特別爲官方所宣揚的「國體」概念。

據鶴見俊輔所言，「國體」的概念起源於幕末思想家吉田松陰（1830-1859）與朱子學學者山縣大華（1781-1866）的論戰。[25]吉田認爲這是日本民族所特有的某種概念，是推進日本的力量；山縣則認爲日本並不具有這種東西。但在明治維新後，「國體」的意義卻逐漸轉變成指涉日本當時所擁有的政治體制，也就是以天皇爲中心的國家體制，而讓日本具備了某種有別於其他國家的「特殊性」，並被當時官方視爲應當維護的東西。而「國體」概念正是源自《古事記》，也就是「以眾神之後綿延不

---

[23] 鶴見俊輔自述，他是在1968年為家永三郎（1913-2002）《太平洋戰爭》一書序言中提出此一史觀。見鶴見俊輔（2008），頁164。另外，家永三郎為一歷史學者，其所參與編寫的教科書《新日本史》因為承認日本在二戰期間的暴行，遭到日本文部省（相當於我國教育部）審定為不合格，家永為了捍衛歷史及言論自由，與文部省展開了長達三十二年的訴訟。

[24] 後兩場「事變」即「中日戰爭」（蘆溝橋事變）、「太平洋戰爭」。在此因從日本角度敘述，故維持其名稱不予更動。

[25] 要特別注意的是，筆者在此所引起源說只是鶴見俊輔的說法。見鶴見俊輔（2008），頁51-52。

絕、萬世一系的天皇家系爲中心，並以天皇家系爲信仰核心的概念。」（鶴見俊輔，2008：52）因此，在戰時軍方藉由重提神話中「神國」的概念、宣揚此一以天皇爲首的「國體」，並將國家與神道信仰綁在一起；如發布「軍人敕諭」和「教育敕語」約束軍人與對學生進行忠君愛國思想的洗腦、在法律上透過「敕令」跳過自明治時代後期即建立起來由國會立法的民主體制、訂定所謂的《治安維持法》去查禁違反「國策」（如對中國與美國的戰爭）、顛覆「國體」（如主張廢除天皇、實行共和）的各種言論與出版品，甚至將不服從的知識分子下獄、處死。都是因爲「國體」這一概念所引發的產物，並因此讓無數的人喪失生命。

然而，一如我們前面所言，日本皇室儘管建立了這套神話系統，確保了皇室血脈不致中斷，但實情卻是天皇不斷地被架空，所謂天皇爲中心的體制自古並不存在，那麼「國體」無疑也是近代思想的產物，很可能是因「黑船來航」後政治動盪所萌發出來的新思想；從這樣看，我們也就不奇怪「國體」一詞的出現何以始於幕末的吉田松陰。若要比喻的話，神話系統、「神國」的思維有如一顆種子，在沉睡了千年之後，卻在幕末到明治之後一連串的灌溉中長成了一株巨樹。但這株巨樹卻有如《小王子》中的巴歐巴（猢猻木），可能導致一個小行星的崩潰。

鶴見俊輔又用了另一個概念來分析「國體」，他認爲這是日本自古以來的「鎖國性」思考所致。「鎖國性」所指的是：

日本人始終抱有一種感覺，認爲自己一直住在，並且也能繼續住在自己金甌無缺的土地上。在這塊固若金湯的土地上，日本人往往覺得若要走出國境之外就必須抱定決心，只要身處日本便不用害怕會突然遭到外國人的攻擊。（鶴見俊輔，2008：34）

鶴見俊輔認爲，「鎖國性」這一意識除了給予日本人安心感之外，另外也讓日本隔絕於較先進的文化之外，因而形成一種自卑感，甚至反映在平安時代以來的演藝活動中，外來的賓客[26]總是高於本地人。但這種自卑感，最後也刺激了日本後來努力學習外國的事物（2008：34-37）。透過鶴見的分析，我們也就能理解，何以日本能從幕末排斥外國的「攘夷」思想，急速地轉變爲明治維新的積極西化：「攘夷」是基於「鎖國性」的意識，這意識中潛藏的自卑感又令日本迫切地想追上西方，在「開國」之後渴望能夠「脫亞入歐」。

不幸的是，此種「脫亞論」卻成爲後來戰爭的理論根源，如被認爲是提出「脫亞論」的福澤諭吉（1835-1901）對亞洲問題不感興趣，主張全力學習歐洲的制度與文明，結果：「當他們再度把目光轉向朝鮮和中國的時候，自認爲已經有資格把速成學到的西方文明作法強塞給中國與朝鮮，扮演居高臨下的文明代表者的角色。」（鶴見俊輔，2008：69-70）日本在戰時，正是以亞洲的領先國自居，所以提倡以日本爲首的「大東亞共榮圈」，這便是一種從自卑感轉向自大感（優越感）的過程，很是令人警惕。

伍、戰爭責任的消解與戰後左右之爭

在經歷了悲慘的戰爭之後，另一個值得我們注意的是戰後這數十年的演變。首先是「戰爭責任」問題。在第二次世界大戰結束後，盟軍在歐洲和亞洲都對發動戰爭的一方進行了審判，也就是「紐倫堡大審」與「東京大審」。但以日本的戰爭責任來說，東京的審判反而導致戰爭責任被限

[26] 暗指神明，如前述天照大神的後代取代大國主命治理日本，便是由外來神勝過在地神。

縮在日本軍方，天皇在戰爭中的角色與責任就被忽略了。這忽略其實是來自當時佔領日本的美方考量，因爲麥克阿瑟（Douglas MacArthur, 1880-1964）等人意識到，若追究裕仁天皇戰爭責任，將可能遭致日本民眾的嚴重反彈，這將危及美國對日本的佔領，「至少需要上百萬的軍隊和數十萬的行政官員」才足以應付。[27]甚至，在麥帥的建議下，日本天皇制也得以保留，並在之後訂定的「和平憲法」中成爲虛位元首留存至今。此外，由於冷戰開始（1947）及韓戰的爆發（1950），也使得美國亟需像日本這樣的國家一同防堵共產主義陣營的擴張，也能提供參戰美軍足夠的後勤。就在這樣的背景底下，日本得以在接下來三十多年中從戰後的廢墟中站起來，並歷經高度經濟成長而成爲富裕的國家。

戰後日本的發展隨著戰爭責任的消解和冷戰後國家的角色而轉變，最值得注意的便是政治意識形態上左與右之爭。筆者認爲，這是戰後日本至今最有思想厚度，且對當前世局最具啟發性的一段。這數十年的發展一言難盡，但我們可以透過一個較爲宏觀的脈絡來簡述這段鬥爭的過程：

首先，左傾的一派思想可追溯自明治時代，但戰時因日本政府對思想的管制而壓抑著，在戰後隨著美軍佔領結束，便重又蓬勃發展起來，成爲戰後「民主主義」的理論後盾。這派主要由人道主義、反戰的知識分子（文人、大學生等）組成，在戰後因「（反）安保鬥爭」、「三里塚鬥爭[28]」、「反越戰」等主題，結合市民與農民形成龐大力量，造成1960年

[27] 此為麥克阿瑟對當時擔任陸軍參謀長艾森豪（Dwight Eisenhower, 1890-1969）所提出的建議。見雨宮昭一（2016），頁103。

[28] 「安保鬥爭」指的是反對通過《美日安保條約》的社會運動，因當時首相岸信介（1896-1987）在1960年強行通過新約而達到頂點。因為《安保條約》可稱得上是美國與日本的軍事同盟協議，不僅授與美軍繼續在日本保有軍事基地的權利，同時亦有違日本戰後「和平憲法」永不發動戰爭的精神，將使日本永遠無法擺脫戰爭的威脅。「三里塚鬥爭」則為對抗政府強行徵收農民土地興建機場（即日後的成田機場）的抗爭。

代風起雲湧的社會運動。但在1970年代隨著其中激進派劫機、動用私刑殺害同志、挾持人質的「淺間山莊事件」[29]而失去社會同情，導致社運力量的急速衰弱。但之後仍在知識分子的堅持與一部分市民力量結合，以溫和的方式持續推動下去，與右翼分子周旋到底。例如，鶴見俊輔等極具聲望的文人在2004組成「九條會」，維護《日本憲法》第九條（非戰和平條款）、力抗右翼企圖修憲恢復軍隊的野心；值得一提的是，「九條會」的九位發起人中，除鶴見以外，當中的梅原猛（1925-2019）亦屬哲學出身，可見日本哲學學者對社會關心與參與的程度。

其次，右翼分子的組織一般來說較爲緊密，也積極地組成團體在政治圈中活動，當然也包括大量政界人士。右翼主要的觀點包括否定日本在戰爭時的侵略及各種罪行、[30]對戰爭持肯定或合理化的立場、主張修改教科書以除去日本的戰爭責任，以及希望修改非戰和平《憲法》、將自衛隊改制爲軍隊等等。所以包括參拜「靖國神社」與支持靖國信仰、持「歷史修正主義」都是其特色。[31]

關於日本右翼的活動，筆者認爲在台灣發生的「高士神社」是特別值得一提的例子。「高士神社」主祀天照大神，位於今屏東縣牡丹鄉，原建立於1939年，但在日本戰敗後毀損。在日本神職人員佐藤健一與當地排

---

[29] 1970年三月極左派的日本「赤軍」劫持日本航空班機，以「投奔」朝鮮（北韓）而告終；1972年二月赤軍的殘餘分子「連合赤軍」在群馬縣因對同伴私刑造成十二人死亡，被警方發現後偶然逃至「淺間山莊」挾持人質與警方對峙，後以警方強力攻堅而結束，但槍戰造成三死二十七傷（主要為警方人員，二死二十六傷）。

[30] 如南京大屠殺、慰安婦、七三一部隊等。

[31] 參拜靖國神社主要被視為肯定軍國主義，但抱括日本自民黨首相小泉純一郎（1942-）等支持的一派則視為對戰爭犧牲者的悼念。日本哲學學者高橋哲哉（1956-）則對此作出細膩的分析，指出其問題不只是未正視戰爭責任，更是透過祭祀對「戰爭」作出肯定。詳見高橋哲哉（2007）《靖國問題》。筆者於去年（2018）中國哲學會研討會亦曾撰〈高橋哲哉論「犧牲」〉一文討論（僅發表，尚未出版），在此不便贅述，將待日後出版時再補足此部分論述。

灣族人的合作下，由日本出資一千萬日圓建造木製神社一座運送來台，於2015年安座完成重建。佐藤健一並出任神社宮司。

以上是對「高士神社」重建的客觀陳述。但該神社在重建完成之後，曾一度引起一些政治風波，在此我們無意涉入此類爭論。但可以透過幾點釐清爭論背後所可能隱含的意義：

一、據傅琪貽指出，「高士神社」雖主祀天照大神，但其屬「靖國神社」系統，祭祀的為戰亡的軍魂，也是當年配合日本政府「國民精神總動員」中「皇民化」政策的產物（張智琦、王灝中，2017a），目的是要使台灣民眾亦能與日本本土的國民一樣達成「精神」的動員。如我們在前文所言，日本從皇室塑造的神話到明治維新以降憑藉新創的「國體」將國家推向侵略戰爭，那麼在今日的台灣出現，難不成是要喚起當年的「精神總動員」？

二、據協同重建「高士神社」的排灣族耆老所言，重建此神社乃因當年被徵召入伍的族人遺願而來，且當年他們並未對日本統治有所不滿，也認為神社和祖靈同時保護他們。那麼，神社的神道信仰和祖靈信仰是否適合共存？[32]若神社真已成功與族人信仰結合，那麼為何中間數十年都乏人問津，而需要一個日本人來重建它？

三、從另一個角度看，不同於佐藤建一曾高調在日本電視節目上坦言「高士神社」祭祀的是「為國犧牲」的軍魂，佐藤的政治立場亦明顯屬右翼；高士村村民等地方人士，其實多半希望避開神社的宗教色彩，較期待神社對當地觀光的貢獻（張智琦、王灝中，2017a）。如果能將神社單純視為一個「觀光設施」，是否就不再有爭議？

---

32 實際上，佐藤健一曾建議將祖靈亦移到「高士神社」中一同供奉，但族人多半不同意，而希望保有原本的祖靈屋，可見兩者恐難相容。見張智琦、王灝中（2017a）。

在此我們很難爲上述三個問題提供正確答案。但若我們更退一步，把對「高士神社」爲右翼所主導重建、是對殖民統治的美化等批評也都拿掉，[33]單純對照本文前面幾節所討論的問題，我們就會發現，日本神話中塑造出來的「神國」，乃至幕末才出現、在戰後終告終結的「國體」、[34]甚至日本戰後的各種爭議，竟能濃縮地展現在這個隔了七十年[35]才奇蹟「復活」的小小「高士神社」上。由此可知，本文所談論到的這些問題，並非已逝去的往事，而是從過去到現在持續發揮影響的課題，值得我們繼續、進一步地深思。

陸、小結

在本文我們透過對日本歷史幾個關鍵點的回顧，精要地討論了當中的發展與思想轉折。這些關鍵點包括大和皇室透過神話建構了其統治的正當性，也因此造就了所謂「萬世一系」、不容摧毀的皇權與「神國」思想。但這套「神國」思想在幕末以後卻催生出「國體」的概念，而這概念就被十五年戰爭時的日本政府作爲思想主軸，將日本與亞洲太平洋地區推向悲慘的戰禍。

但透過對「明治精神」的考察，尤其是夏目漱石犀利的批判，我們又發現原本銳意西化改革所取得的成果可能只是表象，因爲日本的內在仍是空虛的，就有如青蛙硬要吹大肚皮一樣不可靠。然而夏目漱石不幸言中，

33 「苦勞網」記者張智琦與王灝中在報導中清楚地寫出了爭議點及批判。詳見張智琦、王灝中（2017a）（2017b）（網址見『參考文獻』）。

34 「神國」思維塑造出了天照大神及其信仰；以天皇為中心的「國體」則與靖國信仰的「為天皇而死」（也是為『神國』而死）連結在一起。高士神社兩者皆符。

35 原神社約在1945年毀壞，在2015重建完成，故歷七十年。

日本接著陷入了「非狼即羊」的陷阱，同時原有的自卑感亦轉化成優越感，認爲可以領導亞洲其他國家，就此踏上戰爭的不歸路。

鶴見俊輔的分析，則讓我們能更清楚地看出這當中「精神」或思想的轉變軌跡。他指出日本在戰時藉「國體」概念以維持戰爭，但這概念卻是近代的產物，其更深的根源則是日本固有的「鎖國性」，「鎖國性」讓日本隔絕於進步的文明，因而產生一種自卑感，而這種自卑感又使日本願意積極向外學習。可是，日本太快滿足於當時的成果（對夏目漱石而言，即是『明治精神』的喪失），自卑感轉換成優越感，成了侵略戰爭的藉口。

經由以上這些討論，我們可以發現對一個國家，或一個文化的分析其實需要從多種角度切入。以本文所討論的「日本」爲例，歷史的考查可以讓我們釐清關於皇室神話的眞相，理解其後千餘年對政治的影響；同時，政治又是如何影響歷史、影響史觀。最後，從思想的角度綜觀全局，就能知道政治與歷史交錯影響的背後可能有什麼樣的概念或意識形態，而這點正是哲學研究者所能做到的。如鶴見俊輔用「鎖國性」去抓出一條更具普遍意義的思想線，就是一個很好的示範。如本文一開頭所述，這篇文章的出發點來自對一個文化「內在」問題的追問，也企圖找到哲學跨領域的可能。那麼這個追問與跨領域的嘗試就應當視爲一個出發點，需要投入更多努力才有前進的可能。

參考文獻

一、書籍

子安宣邦（2007）。《國家與祭祀：國家神道的現在》。董炳月譯。北京：生活·讀書·新知三聯書店。

太安萬侶（2018）。《古事記》。周作人譯。台北：商周。

井上勝生（2015）。《幕末與維新》。徐靜波譯。香港：中和出版。

坂本太郎（2008）。《日本史》。汪向榮、武寅、韓鐵英譯。北京：中國社會科學出版社。

李尚霖（2008）。〈導讀〉，《戰爭時期日本精神史》。頁v-xvii。台北：行人文化實驗室。

呂理州（2016）。《明治維新》。新北：遠足文化。

河合隼雄（2004）。《日本人的傳說與心靈》。廣梅芳譯。台北：心靈工坊文化。

雨宮昭一（2016）。《佔領與改革》。包霞琴、李彥銘譯。香港：中和出版。

武光誠（2007）。《日本神話圖解》。蔡瑪莉譯。台北：商周。

夏目漱石（1970）。《少爺》。金仲達譯。台北：純文學。

________（2001a）。《三四郎》。吳樹文譯。台北：志文。

________（2001b）。《後來的事》。吳樹文譯。台北：志文。

________（2014）。《心》。林皎碧譯。新北：大牌。

高橋哲哉（2007）。《靖國問題》。黃東蘭譯。北京：生活·讀書·新知三聯書店。

鶴見俊輔（2008）。《戰爭時期日本精神史》。邱振瑞譯。台北：行人文化實驗室。

李維-史陀（Claude Lévi-Strauss）（2011）。《月的另一面：一位人類學家的日本觀察》。廖慧瑛譯。台北：行人文化實驗室。

潘乃德（Ruth Benedict）（1979）。《菊花與劍：日本民族的文化模式》。黃道琳譯。台北：桂冠圖書。

戈登（Andrew Gordon）（2008）。《日本的起起落落：從德川幕府到現代》。李朝津譯。桂林：廣西師範大學出版社。

二、網路資料

中華民國交通部觀光局行政資訊系統：https://admin.taiwan.net.tw/（2019.10檢索）

日本政府観光局（JNTO）訪日外客数・出國日本人数データ：https://www.jnto.go.jp/jpn/statistics/visitor_trends/index.html（2019.10檢索）

ウィキペディア（維基百科日語版）鶴見俊輔：https://ja.wikipedia.org/wiki/%E9%B6%B4%E8%A6%8B%E4%BF%8A%E8%BC%94（2020.10檢索）

ブリタニカ國際大百科事典小項目事典鶴見俊輔：https://kotobank.jp/word/%E9%B6%B4%E8%A6%8B%E4%BF%8A%E8%BC%94-853122（引自コトバンク，2010.10檢索）

維基百科「高士神社」條目：https://zh.wikipedia.org/wiki/%E9%AB%98%E5%A3%AB%E7%A5%9E%E7%A4%BE（2019.10檢索）

張智琦、王灝中（2017a）〈重探高士神社爭議上篇：未癒的殖民之傷〉。苦勞網：https://www.coolloud.org.tw/node/88261（2019.10檢索）

張智琦、王灝中（2017b）〈重探高士神社爭議下篇：歷史記憶的戰場〉。苦勞網：https://www.coolloud.org.tw/node/88494（2019.10檢索）

A Philosophical Inquiry about Japanese Studies: With Reference to Mythology, Soseki Natsume and Shunsuke Tsurumi

Ying-Chuan Lin

Adjunct Assistant Professor of Chung Shan Medical University

Abstract

This paper is a preliminary attempt of interdisciplinary philosophical inquiry about Japanese studies. We look back to some key points of Japanese thought and history, try to clarify its connotation and political influences, includes Yamato regime create and use the "mythology" to emphasize its legitimacy and deification of leaders (Mikado), which brings the thoughts of "shinkoku" (land of the Gods) and "unbroken imperial line" of Mikado. In the Meiji era, Japan was westernized with keen determination, but in the sight of Japanese famous writer Soseki Natsume, the achievements are just vanities. Because he thinks Japan was lack of inner spirits, thus why Japan always try to prove itself by wars. And the thoughts of "shinkoku" strongly support the wars. Shunsuke Tsurumi also mentioned that, in fact, the leading idea in war period "kokutai" (national polity) just an inferiority from national isolationism. But the inferiority evolves into superiority, gave Japanese the excuse for aggress upon Asia nations. At last, after the world war II, because of dissolve of Japan's responsibility for war, the debate on Left wing and Right wing is proceed. Even in Taiwan, we can see the trace of debate, it seems around us.

Keywords: Japanese mythology, shinkoku(land of the Gods), the spirit of Meiji era, kokutai(national polity), Soseki Natsume, Shunsuke Tsurumi

國家圖書館出版品預行編目資料

哲學跨領域：跨領域的對話與發展／中國哲學會著. -- 初版. -- 臺北市：五南, 2021.05
面； 公分.--(中國哲學會學術集刊；4)
ISBN 978-986-522-609-1 (平裝)

1.哲學 2.論文集

107 110004253

PH04 中國哲學會學術集刊 04

哲學跨領域：跨領域的對話與發展

編 著 者 — 中國哲學會
發 行 人 — 楊榮川
總 經 理 — 楊士清
總 編 輯 — 楊秀麗
主 編 — 蔡宗沂
執行編輯 — 李偉銘
美術設計 — 王麗娟
出 版 者 — 五南圖書出版股份有限公司
地 址：106台北市大安區和平東路二段339號4樓
電 話：(02)2705-5066 傳 真：(02)2706-
網 址：https://www.wunan.com.tw
電子郵件：wunan@wunan.com.tw
劃撥帳號：01068953
戶 名：五南圖書出版股份有限公司

法律顧問 林勝安律師事務所 林勝安律師

出版日期 2021年5月初版一刷
定 價 新臺幣300元